Una Breve Teoría Sobre el Amor

Carlos Macías Vences

Una Breve Teoría Sobre el *Amor*

Carlos Macías Vences

ola
PUBLISHING
INTERNACIONAL

ISBN: 978-1-63765-085-1

ola
PUBLISHING
INTERNACIONAL

Eugenio Sue 79, #104, Polanco,
Ciudad de México, México 11550
México: 55-5250-8519
www.holapublishing.com

Impreso y encuadernado en los Estados Unidos de América

Porque el amor nos mueve,
nos sacude,
nos hiere y nos conforta;
nos construye y nos destruye;
nos refleja,
nos inventa y nos olvida
…nos hace crecer

Índice

Introducción

Tan sólo un par de meses después de que cumpliera dieciocho años mis padres se divorciaron. La relación entre ellos había sido bastante mala por mucho tiempo y parece que esperaron a que yo cumpliera la mayoría de edad para tomar la decisión final. En aquel entonces eran pocas las parejas que se separaban, y aunque la mayoría no se veían muy felices juntos, tendían a tolerarse y quedarse bajo el mismo techo. De la década de los ochenta para acá, las cifras de divorcios se han incrementado exponencialmente en prácticamente todo el mundo.

Yo me casé con la intención de que eso no me sucedería, pensaba que contaba con las herramientas necesarias para no cometer los mismos errores; después de todo yo me había convertido en psicoterapeuta, acudido durante años a terapia y avanzado mucho en el conocimiento que tenía de mí mismo y de las relaciones interpersonales. Estudié mucho y contaba con la experiencia de tratar pacientes, pero todo esto no significó una diferencia. Exactamente veinte años después de que mis padres lo hicieran yo me estaba divorciando; muchos de mis amigos y compañeros de edades similares experimentaron la misma suerte.

Entonces, la búsqueda del amor se volvió una tarea central en mi vida junto con toda una generación: abandonamos nuestras relaciones matrimoniales que habían fracasado para lanzarnos a la búsqueda de una nueva relación que pudiera funcionar. La pesquisa del amor se volvió una tarea permanente para muchos, así como la revisión de lo que había salido mal y lo que cada uno quería y no quería en su vida. La pregunta se hizo inminente: ¿puede una relación de pareja funcionar? Y si es así: ¿puede el amor durar toda la vida o inevitablemente tiene una fecha de caducidad?

Cuando dos personas han convivido por largo tiempo pueden pasar dos cosas con su relación; la primera es que surja un desinterés, luego un hartazgo y, por lo tanto, una ruptura. Eso es lo que sucede en la mayoría de los casos; pareciera que el tiempo tiende a desgastar una relación hasta agotar todas sus reservas y extinguirla. Pero la famosa escritora Anaïs Nin dice: "El amor nunca muere de muerte natural". Y agrega: "Muere porque no sabemos cómo reponer su fuente. Muere de ceguera, de errores y traiciones. De enfermedad y cicatrices. Muere de cansancio, de falta de brillo. Entonces, el amor muere". Visto así, son nuestros mutuos defectos los que van desgastando la relación hasta que terminan con ella.

Sin embargo, lo contrario también es una posibilidad incluso lógica. Sería válido suponer que pueden existir, con el paso del tiempo, más motivos para que dos personas se amen más cada vez y deseen permanecer juntos. El tiempo nos da la oportunidad de que sucedan cosas que, al vivirse en compañía de nuestra pareja, terminen por unirnos más, como recibir la ayuda de la otra persona cuando más la necesitamos. ¿Cuántas veces una pareja se rescata el uno al otro en situaciones difíciles? ¿Cuánta gratitud se puede acumular hacia alguien que está ahí para nosotros cuando realmente lo necesitamos?

El tiempo nos brinda la oportunidad de estar en los momentos importantes de la vida de nuestra pareja y compartir situaciones que deberían terminar por unirnos cada vez más. Los recuerdos compartidos, la oportunidad de luchar uno al lado del otro y alcanzar metas comunes, además de ese conocimiento profundo de la otra persona, debería hacer la vida juntos más fácil. Al saber sus gustos y su estilo de vida es más sencillo saber cómo colaborar, serle útil e incluso, agradarle. Con el tiempo, los momentos mágicos se deberían haber acumulado y lo compartido debería hacer cada vez más sólido el vínculo de pareja. Incluso la sexualidad debería haber sufrido una evolución positiva, ya que, al conocerse, tenerse más confianza y haber pasado más tiempo juntos, podrían perfeccionar su intimidad.

Pero, si por el contrario ,somos personas que tomamos más de lo que damos, que restamos en vez de sumar, y que acumulamos decepciones y resentimiento de nuestra pareja porque no estuvimos cuando deberíamos haber estado, porque no nos esforzamos lo suficiente, porque no le volteamos a ver bastante o porque le hemos traicionado —o simplemente porque no sentimos que su lealtad esté cien por ciento de nuestro lado—, entonces el amor, sin duda, morirá y se extinguirá; la fuerza que tuvo al principio y que llenó a la pareja de ilusión y entusiasmo se termina por convertir en decepción y desilusión.

Toda pareja que comienza tiene la maravillosa oportunidad de hacer crecer su amor. La ilusión que suministra el enamoramiento es una inercia positiva en favor de los enamorados que sólo podrán estropear con sus errores y omisiones continuas.

No es que el amor termine, sino que lo extinguimos porque nuestras actitudes cancelan su posibilidad, igual que un fuego que se nutre de oxígeno y combustible y no puede durar en la ausencia de éstos. Por el contrario, una vez encendido el fuego es más fácil mantenerlo e incluso se puede acrecentar con facilidad si vertimos los combustibles correctos. La pregunta consiste en saber cuáles son las actitudes que nutren una relación para que perdure en el tiempo. ¿Cuáles son los temas centrales que se deben satisfacer para ambos miembros de la pareja? ¿Cuáles son las actitudes que hacen que la relación crezca y fortalezca la energía del amor que la sostiene?

Las parejas que mantienen su energía amorosa a través de los años, en las que sí ocurre que el paso del tiempo se vuelve una suma de motivos para querer a la otra persona, son las que actúan con las condiciones para que el amor se sostenga. Precisamente en este texto revisaremos cuáles son esas cualidades que permiten que el amor se conserve y crezca. Así como qué actitudes o virtudes necesitan tener los miembros de una pareja para no destruir su vínculo amoroso y que el amor perdure.

La respuesta aparece al observar el desarrollo que tiene un ser humano desde su primer vínculo de amor con su madre; desde que llegamos al mundo estamos vinculados por medio del amor con ella, de otra manera no sobreviviríamos. Ese amor tiene ciertos componentes muy precisos que lo hacen funcionar. El bebé necesita, en cada paso de su desarrollo, un tipo de amor particular, por ejemplo, primero necesita ser aceptado en el seno familiar; de lo contrario viviría un rechazo que lo volvería introvertido. Toda la energía vital que se dirige hacia el mundo de forma natural, frente al rechazo, se vuelca al interior del individuo, quien se vuelve un tanto indiferente hacia el mundo que lo rechazó. Así, su necesidad de aceptación y la correspondiente aprobación de su madre y de su padre se vuelven decisivas en el recorrido que la energía del amor tiene en ese determinado individuo.

En segundo lugar un bebé necesita una serie de cuidados y atenciones; posteriormente necesitará de cosas más complejas, como ser respetado por la persona que es, y, finalmente, un sistema de lealtad en el que su amor se encuentre seguro. De esta manera el bebé construye un vínculo amoroso con su madre, hecho de cada uno de estos componentes. Cuando sea mayor y tenga una relación de pareja necesitará que estos mismos ingredientes estén presentes para abrir su corazón en un inicio, para después entregarlo a la persona que sea su pareja amorosa. Ya que son exactamente esos mismos componentes los que salen a flote cuando entramos en una relación amorosa más tarde en nuestras vidas; sin embargo, ahora con otro ser humano que es nuestro par. Son precisamente estas actitudes las que esperamos recibir y que debemos realizar con nuestra pareja para que la energía del amor que posee nuestro corazón y que anhela expresarse pueda florecer. De lo contrario esta energía se inhibirá porque no encontró los elementos para manifestarse.

He dado clases por más de 20 años sobre las teorías que explican el desarrollo de la personalidad y los factores que intervienen en su formación. Una y otra vez he caído en cuenta de que todo se trata del amor y que nuestros conflictos de personalidad y desarrollo se pueden resumir en una frase: falta de amor. La salud emocional y psicológica no es más que haber recibido amor en la forma correcta en el momento que correspondía.

Muchas veces ocurrió que, al estar tratando estos temas, los alumnos súbitamente brincaban al de la relación de pareja y los conflictos que existían en sus relaciones de amor en la actualidad. Más de una vez algún alumno preguntó: ¿qué se necesita para que el amor funcione? Y un día, al estar explicando la teoría de los tipos de personalidad de acuerdo con Alexander Lowen, se produjo una conexión; de repente vino a mi mente la idea de convertir esta teoría —que habla de los derechos que debe tener todo niño a ser aceptado, a depender, a no depender, a ser reconocido y a la lealtad, y de cómo el violentarlos genera heridas muy específicas que son la causa de nuestra personalidad y de nuestros rasgos neuróticos— en una que explicara los componentes necesarios para que el amor florezca en nuestra vida adulta.

Si bien es en la infancia cuando estos componentes nacen a la conciencia de las personas como una necesidad de amor particular, y como algo que llega y se instala en nuestra forma de relacionarnos, es más adelante en la vida cuando definen lo que va a ser nuestra experiencia amorosa como adultos. Descubrí, mientras lo explicaba, que éstos son, precisamente, los temas con los que la gente tiene que lidiar durante sus relaciones de pareja adultas. Poseer estas cualidades necesariamente implica nutrir nuestras relaciones afectivas para que avancen y la energía del amor no se destruya. Así, quedó confeccionada una receta simple en cuanto a sus componentes, pero abundante en cuanto al quehacer que exige; es decir, cultivar las virtudes que hacen que el amor prospere. Aquellas actitudes que de niños necesitamos de nuestros padres y educadores ahora son tema central en nuestras relaciones de pareja adultas.

Comprendo que desarrollar estas actitudes, que son las virtudes que hacen perdurar el amor, puede resultar en una tarea de vida. Pero esto aporta mucho en términos de darle dirección al trabajo en pareja, ya que atina a señalar los puntos centrales que están en juego en toda relación amorosa.

Sin embargo, toda revisión del tema del amor debe comenzar por definirlo, ya que, parece ser, que ni en eso estamos completamente de acuerdo. Sin duda todos nos hemos hecho la siguiente pregunta: ¿qué es el amor? Esta disertación comienza entre decidir si el amor es un sentimiento o una decisión. Al intentar definirlo necesariamente caemos en la necesidad de esclarecer su naturaleza.

Erich Fromm, autor de *"El Arte de amar"*, tal vez la obra más famosa escrita sobre este tema, explica que él amor es una disciplina, por eso el título de la obra; hace referencia a que se requiere un entrenamiento que el interesado debe aprender y desarrollar ciertas aptitudes. Como toda disciplina, el amor necesita de enseñanza y de dominio de la técnica, en primera instancia. Posteriormente Fromm afirma que el amor es, sobre todo, una decisión, ya que al final lo que lo sostiene es la actitud que elegimos tener hacia el otro ser humano. Estas conclusiones, aunque sabias, me parecen insuficientes. A través de nuestra propia experiencia podemos observar que el fenómeno del amor es un tanto más complejo; si bien, saber y dominar lo que plantea Fromm resulta fundamental, el amor tiene muchos más misterios y magia que lo que se dice en su obra.

Lo mismo ocurre con las explicaciones que dan la psiquiatría y la neurología, que nos colocan en el nivel de una maquina biológica y al amor como una simple respuesta mecánica a determinados estímulos, negando todas las otras posibilidades y dimensiones en las que el amor ocurre.

Y luego están los autores de la línea psicoanalítica, que explican el amor como una mera recreación de los conflictos que tuvimos con nuestros padres en la infancia temprana y un anhelo de volver a vivir la fusión que alguna vez tuvimos con nuestra madre. Todo buen observador se puede dar cuenta que, sin duda, existe una tendencia a repetir o recrear lo vivido en la infancia; quizá regresar a estados infantiles puede ser el anhelo de muchos, pero esas tendencias, nuevamente, no explican muchas otras cosas que pasan como consecuencia del amor y que quedarían fuera de esta definición.

Y esto nos regrese a nuestra pregunta original: ¿qué es el amor? ¿Es una decisión? ¿Es un sentimiento? ¿Es una reacción bioquímica que ocurre dentro de nuestro cerebro? ¿Es una ilusión? ¿Es sólo un anhelo imposible de nuestra infancia? ¿Es una forma de neurosis? Cada marco teórico aborda el problema de una forma distinta y busca la respuesta en universos diferentes. Todas estas preguntas flotan en el entorno social y el ámbito académico; las respuestas pueden ser de toda índole, desde las más apegadas a la biología y muchas hasta de un franco corte espiritual. Pareciera ser que lo único cierto es que muchas difieren entre sí, sin vislumbrar alguna posibilidad de construir un acuerdo. Muchas son antagónicas y mutuamente excluyentes. Así, al hablar del amor terminamos refiriéndonos a algo dudoso y muchas veces discrepante.

En tiempos recientes ha surgido un enfoque que resulta sumamente esclarecedor: el psicocorporal, que concibe a las emociones como energía que se aloja en el cuerpo. Aunque es realmente desde el surgimiento de la física cuántica que nuestra forma de comprender el mundo comienza a cambiar y nuestra cosmovisión fundamental sufre un giro de 180 grados. Para la ciencia tradicional que surge durante la era moderna, el mundo es lo que vemos y lo que podemos constatar por medio de nuestros sentidos, sin embargo, a partir del surgimiento de la física cuántica, a inicios del siglo XX, este mundo material sufre un descalabro irremediable; esta disciplina demuestra que la materia no está hecha de otra cosa más que de energía. Fritjof Capra (1976) afirma que la verdadera naturaleza de la materia no es la "masa" ni el "volumen"; no es la de aquello que se "ve" y se "toca", por el contrario, estos son sólo aspectos aparentes de la materia y equivalen a lo que la materia "no es", ya que la física del siglo XX afirma que la verdadera naturaleza de la materia es la energía. Ya que al examinar las partículas más pequeñas, que forman todo lo que existe, y al descomponerlas en sus partes fundamentales, los átomos, se encuentra que no hay materia en ellos: sólo hay energía. Esto asesta un golpe terrible a la ciencia moderna ya que abre la posibilidad de que esa realidad que teníamos como segura sea aparente y relativa.

Si se establece una relación entre las investigaciones de David Bohn, su teoría del Universo holográfico, las afirmaciones de la física cuántica y lo que las religiones clásicas expresan cuando se refieren a la idea del espíritu, quizá se sorprenda uno al no encontrar la incompatibilidad que antes existía entre los físicos y muchas ideas de las religiones. Quizá se pueda definir al "espíritu" con las palabras que muchos físicos utilizan para definir la materia. En este sentido, tal vez se pueda decir que el "espíritu", al igual que la verdadera naturaleza de la materia, no es la "masa" ni el "volumen", sino que tiene la forma de energía (Pintos, E. 1996).

A raíz de todo esto, la humanidad se ha visto obligada a voltear y revalorar antiguas cosmovisiones que fueron desacreditadas e incluso ridiculizadas por la ciencia moderna, como la de los pueblos mesoamericanos y sus prácticas chamánicas, o bien, los incas, hindús, budistas, taoístas, etcétera; en las que el entendimiento del mundo se producía como resultado de comprender que todo era energía. Sólo así explicamos la configuración de los centros ceremoniales mesoamericanos, las cosmovisiones hinduistas como el yoga —en donde mediante el movimiento del cuerpo y la respiración se mueve una determinada energía—, la teoría de los chakras (puertos energéticos del cuerpo humano que comunican al interior del mismo con el mundo exterior energéticamente), la explicación budista de la inexistencia de la realidad como la percibimos, la sexualidad tántrica encaminada a convertir la energía sexual en energía espiritual, el taoísmo, que entiende la salud como flujos de energía, y su medicina, la acupuntura, que estimula el flujo energético del organismo y que entiende la enfermedad como la interrupción, precisamente, de ese flujo energético.

En el campo de la psicología el primero en dar este paso fue Wilhelm Reich, que explica el funcionamiento del organismo en términos de energías que se organizan en segmentos y que se asocian a órganos. Cada órgano es el resultado de un tipo de energía, y a su vez, es un generador de la misma; cada energía está asociada a determinadas emociones. De esta manera, por ejemplo, el segmento donde están los ojos, los oídos y el lóbulo frontal del cerebro contiene la energía al servicio de "darse cuenta", ya que todos los órganos de esa región del cuerpo están en la misma zona y cumplen con el mismo fin. Para el hinduismo este segmento sería el sexto chakra, que tiene la misma función, y es conocido como el tercer ojo, asociado, además, a la clarividencia y a lo que sería la expansión de esa función cognitiva del ser humano.

El amor, evidentemente, se encuentra en el corazón, que es también el cuarto segmento. Así, para Reich, igual que para el hinduismo y su modelo de chakras, el amor se localiza en el corazón y no es otra cosa más que una energía que, por un lado, se produce ahí; por el otro lado, se recibe del exterior a manera de intercambio, y en última instancia nos conecta con los otros seres humanos y con el mundo de una forma particular.

Después de Reich siguieron otros autores, como Lowen, quien hace una correspondencia entre los tipos de carácter y la estructura física de la persona. Así, para cada carácter hay una determinada forma del cuerpo, esto es porque cada estructura de personalidad distribuye la energía en las distintas zonas del organismo de una forma particular, pero lo relevante de Lowen para este libro, y como ya dijimos con anterioridad, es el hecho de que identifica cinco derechos fundamentales que los hijos tienen con respecto a sus padres. Todos tenemos el derecho a ser aceptados, a depender, a poner límites, a ser reconocidos y a la lealtad. La violación de cada uno de estos derechos generará una herida que dará origen a una estructura de personalidad determinada. Cada derecho aparece en un momento determinado de la vida, comenzando con nuestro nacimiento y a lo largo de nuestros primeros seis años. Cada uno de estos derechos es el tipo de amor y de virtud que debe haber en los padres para cada etapa. Estos son los temas que surgen durante nuestro desarrollo infantil, desde nuestra llegada al mundo hasta que concluimos nuestra primera infancia, pero éstos se replican cuando, al llegar a la adolescencia, iniciamos nuestra vida amorosa con nuestros pares. Al intentar ejercer el amor que está en nuestro corazón, necesariamente tropezaremos con nuestras carencias en cuanto a estas virtudes.

John Pierrakos es el siguiente de los grandes terapeutas psicocorporales; primero fue discípulo de Lowen para luego convertirse en su socio, y finalmente lanzó su propio planteamiento: "Core Energetics" (energía del núcleo), que se refiere al "núcleo" de nuestra energía vital que es, precisamente, el amor que se encuentra en el corazón. La meta terapéutica de este enfoque es llegar a "desbloquear" esta energía que es la más importante en la vida de las personas. De esta manera se puede acceder a una vida plena y satisfactoria, pero, sobre todo, clara en cuanto a sus propósitos. Ya que, al sufrir carencias amorosas a lo largo de la vida, en virtud de que nadie ha tenido padres perfectos, ni vivido en un entorno perfecto, nuestro corazón se va cerrando para no sufrir y evitar el dolor. Es así que nos alejamos de la esencia de la vida al renunciar a la energía principal del cuerpo humano.

Al comprender al mundo en términos de energía, muchas cosas cambian en nuestra vida cotidiana, como la forma en la que entendemos al ser humano, la salud, la enfermedad, las emociones, e incluso el sentido de la vida. De un tiempo para acá hemos incorporado prácticas como la meditación, el yoga, el tai-chi, el veganismo, la acupuntura, el "mind- fullness", el feng shui, terapias de cuencos tibetanos y de frecuencias sonoras específicas, por mencionar tan sólo algunas de los cientos de disciplinas que hemos adoptado recientemente en el mundo occidental y que encontramos por todas partes. Todas estas prácticas mejoran nuestra vida al incidir en el funcionamiento de la energía de nuestro organismo y de nuestro entorno. Y es que esta visión da mejor cuenta de muchas de las cosas que vivimos a diario.

Entender el amor como una energía también explica mucho mejor su funcionamiento. Y va mucho más acorde con la forma de ver la vida propia de la época posterior al descubrimiento de la física cuántica, que forzosamente exige un replanteamiento de muchos aspectos de la realidad acorde a estos avances científicos donde entendemos al ser humano como un ser holístico que existe en un plano biológico al igual que en uno emocional y uno espiritual, simultáneamente, siendo los planos espirituales y emocionales formas energéticas. Por eso la era posmoderna es una era de retorno a la espiritualidad, ya que nuestra forma energética es precisamente nuestra forma espiritual al no existir como seres materiales, ya que la materia no existe. Al sólo haber energía terminamos coincidiendo con las antiguas visiones que consideraban la existencia del alma, la única existencia verdadera, y no la material o mundana.

Sin embargo, hoy en día, no hemos terminado de integrar estas tres dimensiones. Debido a nuestra herencia positivista tendemos a centrarnos en la dimensión material, ignorando las otras dos. Permítanme dar un ejemplo de los tres planos en los que ocurren todos los fenómenos de la existencia. Cuando una persona está muriendo la internamos en un hospital, la colocamos en una sala de terapia intensiva, la entubamos para facilitar la respiración y la aislamos de sus seres queridos; todo esto porque estamos atendiendo la "falla biológica", pero nada hacemos para atender el resto de los fenómenos que al mismo tiempo están ocurriendo, como la necesidad de despedirse, cerrar ciclos con los seres cercanos y finalmente transitar al mundo espiritual y abandonar el cuerpo material. Estos últimos fenómenos suelen quedar poco atendidos u olvidados ya que estamos acostumbrados a sólo ver la dimensión material o biológica de los seres y olvidamos que todo existe, también, en un plano emocional y espiritual. Las culturas antiguas como a las que hice referencia con anterioridad atendían prioritariamente la dimensión espiritual de los acontecimientos y concedían menor valor a la dimensión material o biológica, en virtud de que para ellos esa era la menos importante ya que era transitoria y efímera.

Así, el amor, además de ser un fenómeno que existe en la dimensión biológica, lo hace también en la dimensión energética y en la espiritual. Desde la dimensión espiritual, el amor es de dónde venimos y es hacia donde, al final de nuestra existencia material, debemos dirigirnos. Venimos a la vida a tener experiencias de amor, ese es el sentido en el que la conciencia, en su camino de evolución, se mueve. Claramente observamos que los seres menos evolucionados, es decir, los que aparecieron antes, como los peces o los reptiles, son incapaces de amor; mientras que las especies más evolucionadas como las aves y los mamíferos han desarrollado esta capacidad, generando un cerebro límbico que los posibilita para relacionarse entre ellos desde el amor. Los seres humanos somos el último eslabón evolutivo y por lo tanto los más capaces de experimentar amor.

Así las personas que llegan a nuestra vida y con quienes tenemos relaciones en las que hay amor de por medio son las que trazan el sentido de nuestra vida, las que nos enseñan lo que debemos aprender y las que son puestas en nuestro camino para experimentar ciertas cosas; son nuestros maestros; son el campo de entrenamiento para desarrollar las habilidades espirituales que necesitamos adquirir; son las pruebas a las que nos enfrentamos una y otra vez hasta que hayamos aprendido la lección; son con las que tenemos asuntos pendientes en el terreno espiritual, y que al encontrarlas de nuevo surge la oportunidad de resolverlos. Por eso estas personas llegan a nuestra vida por algo más que mera casualidad; con frecuencia resulta difícil explicar cómo es que nos relacionamos con personas con determinadas características, o cómo es que una y otra vez somos colocados frente a las mismas circunstancias. No basta la teoría sobre la mente inconsciente para explicar este fenómeno, ya que no hay manera de que el inconsciente anticipe el futuro, atraiga con tanta precisión ciertas situaciones o pueda incidir en el mundo exterior para que pasen determinadas cosas.

La evidencia científica en el campo de lo que ahora conocemos como psicología transpersonal es abrumadora: no podemos seguir negando nuestra naturaleza como seres espirituales frente a la avalancha de tesis que dan cuenta de ello. La lista de autores es inmensa, desde Jung, Frankl, Maslow, Wilber, Kübler-Ross, Grof, Weiss, etcétera, sólo por citar algunos profesionales de renombre en el campo de la salud mental que se toparon con la dimensión espiritual de los seres humanos. La realidad es que son muchísimos los autores que de diversas maneras se han encontrado con el fenómeno espiritual al trabajar con la conciencia humana. Todos han encontrado que el amor es, prácticamente, el centro de la existencia; es la tarea espiritual por antonomasia, que nace con la relación con la madre y que se replica en el resto de nuestras relaciones interpersonales a lo largo de nuestras vidas. El amor cumple un papel central dentro de este enfoque, para la psicología transpersonal el amor es nuestro origen y nuestro fin, la razón por la que hemos sido puestos en esta tierra. Son estas las lecciones que tenemos que aprender para finalmente regresar a la fuente de amor infinita, que es Dios, al final de nuestro viaje.

Este libro nace al comprender que el amor es un fenómeno que existe en múltiples niveles, que es una energía con un valor espiritual enorme asociada al sentido mismo de la vida. Cultivarlo exige cinco virtudes fundamentales que son puestas ante nosotros desde el momento que llegamos a este mundo y hasta completar nuestra infancia temprana. Al intentar vincularnos desde el amor con otro ser humano, estas virtudes se convierten en el único camino posible para lograr la tan anhelada meta: amar plenamente.

II

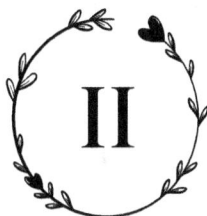

Definiendo el amor

E xplicar el amor es algo que se puede hacer desde, prácticamente, una infinidad de puntos de vista. Es, sin duda, un acontecimiento que ha llamado la atención de todas las disciplinas del conocimiento, por lo tanto, es, al mismo tiempo, un fenómeno examinado por las religiones, por la filosofía, por la psicología y por la misma medicina, que nos explica sus bases biológicas. Comencemos por revisar lo que plantean las ciencias naturales al respecto.

Desde el campo de la biología, y por ende de la medicina, se habla de una reacción bioquímica a la que los seres humanos respondemos con un conjunto de conductas que se terminan traduciendo en lo que solemos llamar amor. Estas respuestas están relacionadas íntimamente al fenómeno reproductivo y a esa tarea que la biología nos ha impuesto de perpetuar la especie. Esto trae como consecuencia que comprender el amor sin fines reproductivos sea prácticamente imposible.

Nuestro sistema endócrino secreta un conjunto de substancias que generan, al inicio de toda relación amorosa, una atracción hacia otro ser humano, sobre todo de carácter sexual, y posteriormente un vínculo que es producto de la liberación de varias hormonas, entre ellas la oxitocina. El efecto de la oxitocina en diferentes especies de mamíferos, al ser inyectados con la hormona, es que forman grupos que permanecen juntos y crean vínculos; por otro lado, al ser desprovistos de ella se vuelven independientes y hasta ermitaños. De igual manera la ciencia médica explica nuestra conducta con respecto a la relación amorosa entre nosotros.

Es fácil ver a los adolescentes, cuyos organismos están saturados de hormonas, enamorarse con facilidad, muchos podrían pensar que con demasiada facilidad. Debido a sus niveles hormonales los jóvenes concentran su atención en la obtención de una pareja.

Algunos autores dicen que la manipulación hormonal de nuestra conducta dura aproximadamente siete años; tiempo necesario para que una pareja procreé un hijo y permanezca junta mientras su pequeño está en completo estado de indefensión y dependencia, imposibilitando a la madre para bastarse por sí misma durante ese tiempo en el que necesita de un compañero a su lado para brindarle apoyo y protección. La biología nos juega una pasada en la que experimentamos una atracción, procreamos a un nuevo ser, generamos un vínculo, y luego somos expulsados del paraíso súbitamente cuando la biología ha concluido su experimento y ya no nos necesita más. Entonces viene la clásica crisis matrimonial y los problemas para sostener una relación cuando este impulso biológico que lo generó se ha extinguido.

¿Es el amor tan sólo un producto de la tarea de reproducirnos que se implementa por medio de secretar sustancias (hormonas) en nuestra sangre?

Es fácil observar que el amor no es únicamente un fenómeno de hormonas reproductivas entre personas de sexos opuestos. Si bien esto es más comprobable en el caso de las especies animales, en los humanos estas explicaciones biológicas no aplicarían a las relaciones homosexuales, que indiscutiblemente experimentan amor ya que son capaces de construir una relación con fidelidad, compromiso, cariño y constancia; tan es así que pueden permanecer juntos por largos periodos de tiempo, si no es que para toda una vida, sin que las hormonas reproductivas pudieran ser decisivas en este proceso. Otro ejemplo de que las hormonas no juegan un papel decisivo lo constituye la relación entre personas de más edad que han pasado su etapa reproductiva y que, sin embargo, pueden vivir grandes experiencias amorosas que no podrían ser atribuibles a las glándulas de los participantes; o a parejas que se procuran con profundo cariño más allá de los siete años de relación e independientemente del fenómeno reproductivo. Sin embargo, para las visiones del biologicistas la explicación del amor de pareja es ésta, y no es posible comprenderlo sino como una reacción a determinadas substancias químicas en nuestra sangre.

Stanislav Grof, considerado el padre de la psicología transpersonal, es decir, de la psicología espiritual, considera que la situación actual de la psiquiatría occidental con respecto a la definición de lo que es el amor y otros valores fundamentales de la existencia humana es bastante confusa y deja mucho que desear: "Ya que no hay definiciones positivas de lo que es un ser humano pleno, conceptos como la alegría de vivir, la capacidad de amar, el altruismo, el respeto por la vida, la creatividad y la autorrealización apenas tienen peso en las consideraciones psiquiátricas actuales."

La popular teoría psicoanalítica de Freud tiene similares problemas, ya que esta escuela de psicología no ha apostado mucho por el amor y prácticamente lo ve como un mal necesario, si no es que como una ilusión inalcanzable. Para los psicoanalistas el amor es una suerte de misión imposible, ya que es el anhelo de recuperar la relación con la madre que se ha perdido, por lo que es mucho más ilusorio que real. Queda sólo un camino por andar de desilusión y la aceptación de una realidad desesperanzadora. La siguiente cita de Freud en Grof (2011) da excelente cuenta de ello: "Las técnicas psiquiátricas de las que disponemos actualmente apenas pueden conseguir la meta terapéutica de transformar el sufrimiento excesivo del neurótico en la miseria rutinaria de la vida cotidiana". Como podemos observar, Freud es bastante desesperanzador al describir una realidad donde los profundos anhelos humanos no son más que ilusiones a las que eventualmente debemos renunciar para conformarnos con la mediocridad que nos deja saber que aquello que deseamos simplemente no es posible. Reduce la existencia a simples mecanismos que en última instancia carecen de sentido. Ken Wilber, en *"El Proyecto Atman"*, hace una muy precisa observación al señalar, lo que parece ser, un error frecuente en el modelo psicoanalítico, confundir lo "pre" con lo "trans": "Es así como llegan a convencerse…de que lo sutil no constituye una estructura superior sino la reemergencia de una estructura inferior… de este modo, terminan reduciendo el Samadhi (estado de comunión con Dios o iluminación) a la fusión infantil con el pecho, la unidad transpersonal con la fusión pleromática prepersonal y a Dios con el pezón, congratulándose finalmente por haber resuelto el gran Misterio".

Si bien existe un estado de fusión con la madre, no es necesariamente cierto que el amor adulto sea el deseo de regresar a este estado, ya que media una diferencia fundamental: la conciencia. El estado infantil surge espontáneamente, mientras que el amor adulto es el resultado de una conquista del "Yo" que ha trascendido sus limitaciones para poder alcanzar la tan anhelada meta: amar. Lo mismo pasa con muchos otros ejemplos a los que se refiere Wilber, entre nuestro origen y nuestro destino, en el viaje que hace la conciencia a través de la vida, en la que los estados "trans" se parecen a los "pre". Sin embargo, lo que los distingue es la conciencia que existe y que es requisito para los estados "trans"; es como decir que los pueblos indígenas del mundo tienen una conciencia ecológica, la realidad es que no. Si bien no contaminan el ambiente debido a su estrecho vínculo con la naturaleza, valiéndose para sobrevivir de lo que ella misma provee y a la no utilización de combustibles fósiles a gran escala, plásticos y productos manufacturados a los que se les ha modificado su naturaleza químicamente, lo que ocurre en la realidad, y que se ha observado cientos de veces, es que al cambiar sus productos de consumo por productos de la modernidad inmediatamente se convierten en contaminadores. La conciencia ecológica es posterior a la de haber contaminado y observado en ello un efecto negativo, esto no puede ocurrir en quien no ha vivido las consecuencias de la polución.

De la misma manera el amor infantil que proviene de la fusión con la madre no es comparable con el anhelo adulto de comunión con el ser amado. Éste requiere forzosamente el haber perdido la conexión con la madre y haber recorrido todo el camino que implica construirla de nuevo, pero ahora, no como un agente pasivo que únicamente recibe estas actitudes, sino alguien capaz de actuarlas hacia su exterior. Para eso es necesario que las virtudes que describimos en este libro, y que no estaban en el estado inicial, residan en la conciencia. Los estados "trans" son el resultado de un camino de desarrollo en el que se hace necesario incluir y trascender cada uno de los aspectos que al superarse nos lanzan a un nuevo estado, que incluye, al mismo tiempo que trasciende, al estado anterior.

El psicoanálisis explica también que la atracción entre dos personas tiene un carácter más bien patológico, ya que, según esta teoría, nos relacionamos con nuestra "herida"; es decir, que buscamos a una persona que nos haga sentir de la misma manera en la que nos hicieron sentir nuestros padres al lastimarnos por su forma neurótica de ser. De este modo, la hija del alcohólico buscará casarse con un hombre alcohólico para recrear su herida; o bien, el hijo de una mujer desleal se relacionará con mujeres similares para experimentar nuevamente los conflictos que tuvo en su infancia. Freud le llama a esto: compulsión a la repetición, fenómeno que podemos observar con gran frecuencia y claridad. Constantemente vemos a personas que recrean la misma situación dolorosa que vivieron en casa en el terreno amoroso, y además vemos cómo se aferran a esta situación con gran fervor a pesar del dolor que conlleva, u observamos a personas salir de una relación así para volver a caer en algo muy similar al poco tiempo, confirmando esta tendencia de repetir compulsivamente nuestra herida. Es frecuente ver que quien tiene un mal concepto de los hombres, por dar un ejemplo, se relacionará con malos hombres una y otra vez, generando la profecía autocumplida de la que habla Freud. Inclusive, observaciones más modernas confirman que esta tendencia va aún más allá. Hay casos donde los hijos retoman la situación que no resolvieron sus padres y la actúan en su propia vida. Así, el psicoanálisis describe al amor como una fuerza tendiente a repetir lo que salió mal. Y ésta, a veces, va más allá de lo que la esfera psicoanalítica alcanza a comprender. En sesiones hipnóticas y en estados alterados de conciencia se ha observado a personas que afirman estar recreando una situación que tuvo su origen en vidas pasadas, en donde algo no quedó resuelto y es repetido en la vida actual. Lo que deja de manifiesto que un componente fundamental de todo conflicto amoroso es la necesidad de revivir aquello que no está resuelto; en lo que estaríamos de acuerdo con la teoría psicoanalítica. La diferencia con el psicoanálisis radica en la suposición de que eso es su fin último o su único objetivo. En realidad es sólo un medio para alcanzar la meta tan anhelada del amor.

Pero antes de emitir nuestras conclusiones es necesario revisar otro componente del amor, también observado por Freud, y que explica mucho de lo que sucede en toda relación de pareja.

Ninguna revisión seria de lo que se ha dicho sobre el amor de pareja estaría completa sin incluir lo referente al complejo de Edipo, donde el objeto de amor vuelve a ser la madre en el caso de los hijos, y el padre en el caso de las hijas, en el fenómeno denominado complejo de Elektra. En ambos casos los niños se enamoran del padre del sexo opuesto y rivalizan con el del mismo sexo. Aquí el amor adulto se ve impedido por este sobre vínculo con las figuras primarias que termina siendo, siempre, un obstáculo para la construcción de relaciones adultas en la posteridad. Los hijos tienden a guardar una fidelidad a los padres con los que se han enganchado y darle un lugar secundario a las parejas que intentan relacionarse con ellos. Así, el complejo de Edipo, consistente en la fantasía de casarse con la madre y matar al padre, se vuelve un anhelo inconsciente que impide a un adulto comprometerse verdaderamente con una pareja en su vida adulta.

Desde esta etapa el conflicto amoroso se perpetúa como triángulos de rivalidad, en donde dos de los integrantes luchan entre sí por el amor o la preferencia del tercero. Aquí el verdadero amor se ve sustituido por la gratificación de derrotar al oponente del mismo sexo que obstaculiza nuestra relación. Muchas veces se observa que al salir alguien victorioso la relación pierde todo su interés.

Posterior a Freud, y parecido en muchos aspectos, está lo dicho por el famoso psicólogo suizo, Carl Jung: "Nuestra pareja es nuestra sombra". Es decir, la parte negada de nosotros mismos atraída por el principio de encantamiento que ejercen los opuestos. Ya que toda pareja está siempre conformada por dos personas que por un lado comparten algunas similitudes y que por el otro lado niegan aspectos opuestos de sí mismos. Conscientemente se viven como irremediablemente distintos, esta es, precisamente, la parte que los atrae y que posteriormente los pone a pelear. Nuestra pareja posee aquello que negamos de nosotros pero que igualmente tenemos, sólo que no lo vemos en nosotros mismos sino en el otro, que funciona como un espejo de aquello que hemos negado.

Por eso para Jung la relación de pareja es el espacio perfecto para crecer, ya que por su naturaleza constituye en sí mismo un terreno de confrontación, y por la misma razón es un lugar incomparable para conocernos verdaderamente y enfrentarnos a nuestro lado negado, es decir, a nuestra sombra.

Al estar solos nuestras características personales no chocan con nadie más, por lo que permanecen invisibles y podemos proclamarnos cuasiperfectos. Pero al formar una relación de pareja ésta se volverá el espejo en donde chocaremos contra todo lo que hemos negado de nosotros mismos y que nuestra pareja posee como rasgos de personalidad principales. Así una persona obsesiva por el orden se casará con una persona profundamente desordenada y ambos pelearán contra el otro sin darse cuenta de que esa pelea es, en realidad, contra la parte negada de sí mismos. Además, constituye una gran oportunidad para darse cuenta de su actitud exagerada con respecto al orden o al desorden, respectivamente. Y es que en realidad se unieron en pareja porque el otro, con quien ahora pelean, posee una cualidad deseable, algo que cada uno necesita para alcanzar el tan anhelado equilibrio.

Desde ambas teorías, tanto desde la perspectiva psicoanalítica, como desde la junguiana, terminamos con quien menos quisiéramos estar. La diferencia entre ambos radica en que, en el caso de Freud, la compulsión a la repetición es vista como un mecanismo patológico de los seres humanos. En cambio, para Jung la razón de esta recreación reside en una sabiduría interna que busca hacer consiente lo inconsciente y así lograr resolverla.

Sin embargo, reducir al amor al intento de recrear las heridas de la infancia o de algún pasado remoto sigue dejando fuera muchos aspectos fundamentales que ocurren dentro de una relación y que rebasan esta situación de muchas maneras. Quiero señalar que reconozco en Jung un entendimiento mucho más extenso del fenómeno del amor, sobre todo en su dimensión espiritual, por lo que lo expresado aquí corresponde a su tesis sobre la relación de pareja que se centra en los aspectos mencionados. Las visiones espirituales dejan claramente de manifiesto que el amor es más que eso, más que un mecanismo de recrear lo inconsciente: es una energía que no tiene como fin último recrear nuestros conflictos irresueltos. El amor persigue metas más elevadas, y la recreación de lo irresuelto es tan sólo uno de los escalones más bajos de una larga escalinata. Si bien esto es una parte de lo que ocurre en la pareja, no podríamos definir el amor a partir de ahí; sería como explicar algo mucho mayor por sólo una de sus propiedades, como decir que el agua es lluvia. Sin duda todos replicaríamos haciendo notar que es más que eso, como un lago, océano, río, etcétera.

Es por esto que se ha necesitado crear explicaciones de una naturaleza distinta que apelen más al lado humano de las personas y no sólo a su dimensión de máquinas biológicas o psicológicas recreando mecanismos.

En esta otra categoría caen autores como Erich Fromm y su famoso libro *"El Arte de Amar"*, donde se pone el énfasis en la cualidad que tiene todo ser humano de ser libre, y, por lo tanto, de poder decidir más allá de sus mecanismos biológicos o psicológicos. Las personas pueden elegir su conducta. Fromm afirma que el amor, más que un sentimiento, es una decisión que debe ir seguida de una disciplina. Para Fromm el amor termina siendo algo que se debe aprender y que para poder completarla se necesitan años de entrenamiento, así como la adquisición de un conjunto de cualidades. Sin un profundo conocimiento de uno mismo, sin la capacidad de estar solo, sin la vocación de dar (no para recibir, sino porque el amor maduro busca entregarse, a diferencia del inmaduro que busca obtener), sin poseer, y sin convertir el amor en un consumo —como sí conseguir una pareja se tratara de la obtención de un objeto en el que uno está buscando el máximo beneficio al mínimo costo—, el amor no será posible; se necesita la extinción de estas premisas para poder alcanzarlo.

Fromm incluso defiende los matrimonios arreglados de la antigüedad en los que el amor era prácticamente un deber. Los considera oportunidades para amar, no a quien elegimos, sino a quien nos toca. Subrayando el carácter que el fenómeno amoroso tiene de decisión, para el cual uno se prepara y entrena a fin de alcanzar la meta que se nos ha impuesto. Y es que en ese carácter de imposición radica precisamente el verlo como un deber a cumplir que exige mucho de uno mismo, y que se centra necesariamente en nuestras propias características y no en las de la otra persona, como lo vería el amor convertido en consumo. Para Fromm, en el tema del amor importa más lo que uno es, y lo que uno es capaz de hacer, que las características de la persona a la que vamos a amar. Estamos acostumbrados a verlo en esta sociedad que ha convertido el amor en un acto similar a comprar, en donde buscamos el máximo beneficio al mínimo costo, igual que al adquirir un automóvil o una casa, pero el amor tiene una naturaleza exactamente opuesta, es decir, dar sin esperar recibir nada a cambio.

Sin embargo, a pesar de que la explicación de Fromm está llena de verdades, basta una observación simple para darnos cuenta que no es tan conciso como parece: el amor no es so-lamente un tema de decisión. Existen muchos otros elementos que entran en juego cuando se trata de enamorarnos. Por ejemplo: elementos inconscientes, bioquímicos, espirituales y otros de naturaleza desconocida que harán que una determinada persona despierte en nosotros pasiones desenfrenadas de toda índole; mientras que otras no lo lograrán sin importar qué intenten para conseguirlo o cuánto lo hayamos decidido. El amor tiene una magia que hace a ciertas personas especiales para nosotros y a otras no. Por razones desconocidas existen personas que resuenan en nosotros de una manera especial, como si ya las conociéramos. Hay personas cuya simple presencia ponen en alerta todos nuestros sentidos, pero otras nos resultan indiferentes sin importar su belleza o su atractivo físico. Por eso vemos que las parejas se conforman de personas que de alguna manera "se encuentran" al resonar uno en el otro de una manera especial e inexplicable.

En esta misma línea, alejada de los mecanismos repetitivos y de las respuestas biológicas, existen otros autores como Viktor Frankl que afirman que: "Solamente a través de los ojos del amor se logra apreciar a un ser humano en su justa medida". Esta es una visión opuesta a la que tendrían los psiquiatras al aseverar que el enamoramiento es una pérdida de juicio de realidad en el que la idealización del ser amado nos impide verlo como realmente es, sobre todo lo concerniente a sus defectos. Para Frankl, el amor nos devuelve la conciencia sobre lo que los seres humanos realmente somos. Así, una madre que mira a sus hijos desde el amor los está percibiendo en su justa dimensión y no lo contrario. Y lo mismo se puede afirmar de la pareja.

Para Frankl el amor también es ese soplo divino que mediante la devoción a los otros logra otorgarle sentido a la existencia. Para él, el amor es una capacidad del alma, una propiedad del ser humano para volcarse en torno a su prójimo y así trascenderse a sí mismo. Frankl manifiesta su desacuerdo con la escuela psicoanalítica con respecto a que la motivación primordial del ser humano sea el principio del placer y la obtención de la homeostasis, es decir, el equilibrio biológico y emocional. Desde el enfoque logoterapéutico la motivación primordial del ser humano es darle sentido a su existencia, y ese sentido se encuentra en su exterior, es decir, en el mundo de afuera, en el prójimo. Es el amor lo que nos permite vincularnos con esos otros de manera significativa, de tal forma que estas relaciones se vuelven tan importantes que son precisamente las que le dan sentido a nuestras vidas; esto es lo que nos hace humanos, lo que nos permite afirmar que no sólo somos una máquina biológica o una rata de laboratorio, como lo ven las teorías psicológicas más positivistas. Después de todo, todavía no existen computadoras capaces de reírse de sí mismas, ni ratones que se preocupen del significado o del propósito de su existencia. Siendo el amor lo que nos dignifica como seres humanos y aparece en nuestras vidas como una posibilidad o algo por lo que podemos optar en todo momento como actitud frente a la vida y al prójimo.

Posterior a estos autores aparecieron corrientes de pensamiento psicológico como la vegetoterapia y la bioenergética, para las que el funcionamiento psíquico y emocional de las personas se explica partiendo del principio de que toda emoción es, ante todo, una energía. Reich es el padre de la vegetoterapia, un enfoque psicológico que replantea lo dicho por Freud, pero que sobre todo pone el énfasis en el carácter energético de las emociones y por lo tanto en su posibilidad de bloquear su circulación por el cuerpo e impedirlas de llegar a la conciencia, de esta manera dejan de ser expresadas. Esto ocurre cuando una persona ha sido lastimada a causa de la expresión de una determinada emoción, por lo que inconscientemente decide reprimir la energía que lo ha hecho experimentar dolor. Por ejemplo, si protestar contra una madre enérgica me va a implicar severos castigos, la energía al servicio de rebelarme será reprimida y en lo sucesivo no se expresará. Pero lo realmente innovador de la teoría de Reich es que esa energía se localiza en un lugar preciso del organismo, cada emoción está asociada a un "segmento" del cuerpo y a un conjunto de órganos; son en esas zonas donde se produce una contractura muscular que va a impedir que la energía fluya con libertad. Para no defendernos del abuso de padres transgresores, tal vez, hemos tenido que generar una contractura crónica en los músculos de la espalda alta y los hombros que impiden que golpeemos, por ejemplo, a un padre alcohólico que es violento contra nosotros, porque responder impulsivamente nos podría costar aún más caro.

De la misma manera el amor es también una energía, cada tipo distinto de energía en el ser humano se localiza en un lugar muy preciso que es el órgano generador y receptor de esta fuerza. Para los enfoques psicocorporales el amor se localiza en el corazón. Es el corazón el que nos duele al sufrir una pérdida amorosa, y es el corazón el que se alegra frente al encuentro de la persona amada. Es el corazón al que protegemos al juntar nuestros hombros hacia el frente y cerrar el pecho ante un maltrato emocional prolongado; es a su corazón a donde una madre acerca a su pequeño bebé para confortarlo. En muchos países, hoy en día, en el momento del parto se le entrega el bebé recién nacido inmediatamente a la madre para que lo ponga en su pecho, de esta manera, al entrar en contacto nuevamente con el corazón de su madre, se restablecen todos los signos vitales en el pequeño más rápido y de mejor forma.

También es sabido que en todas las religiones el corazón ha sido siempre el órgano sagrado. Todos los pueblos mesoamericanos hacían sacrificios en los que "entregaban un corazón a los dioses". En la religión católica existe la figura del "Sagrado Corazón de Jesús" y para la antigua religión hindú es el cuarto chakra, Anahata, donde se encuentra la energía amorosa, justo al centro del pecho frente al corazón, el órgano que irradia la energía más elevada de todo el cuerpo humano.

Llama la atención que no sea el cerebro el órgano sagrado, siendo éste el que aloja las cualidades que pudiéramos considerar como más elevadas o propiamente humanas. Por alguna razón lo divino reside en el corazón, al ser éste el que aloja la energía del amor y no el cerebro, que tiene la capacidad de pensar.

Un dato revelador con respecto al corazón es que es el único órgano del cuerpo cuyos tejidos no adquieren cáncer; este simple hecho es una prueba de su naturaleza distinta y especial con respecto a todos los demás órganos; al residir ahí el amor, una energía poderosa y de características superiores a la que se encuentra en todas las demás partes del cuerpo, éste no se puede corromper, como ocurre cuando un tejido determinado adquiere cáncer y deja de colaborar con el resto del cuerpo, generando el eventual colapso del organismo. El amor se puede reprimir, se puede negar, se puede atrofiar, por eso enfermamos del corazón. Ya lo dijo Deepak Chopra: "Abre tu corazón antes de que un cirujano lo haga por ti." Podemos negar esta energía y cerrar nuestro corazón, pero no se puede corromper.

Si de niños fuimos lastimados en cuanto al amor que recibimos, entonces es muy probable que hayamos cerrado nuestro corazón y que la energía del amor que debería de conducir nuestra vida en la forma de nuestras pasiones no esté presente, al ocurrir esto se produce un vacío en la persona, que trata de llenarlo compulsivamente con otras energías que ocupan arbitrariamente ese lugar del amor, como pueden ser la búsqueda de control, del poder o de dinero. Esta explicación nos da cuenta de dónde se encuentra la energía del amor, pero aún no nos dice qué es esa energía.

Para comprender esto necesitamos comenzar por observar la naturaleza del mundo en su conjunto y darnos cuenta de que todo lo que hay se encuentra organizado en pares opuestos: el día y la noche, la Luna y el Sol, el cielo y la tierra, inhalar y exhalar; incluso nuestro sistema nervioso funciona a partir de controles antagónicos: el sistema simpático, asociado con la activación y el movimiento, y el sistema parasimpático, cuyas funciones son opuestas y asociadas al reposo, la recuperación y la inmovilidad. El funcionamiento del cuerpo es el resultado del equilibrio entre ambas tendencias contrarias. Una ameba vista a través de un microscopio hace dos funciones fundamentales: se expande y se contrae; éstas, a su vez, se asocian a absorber y desechar, tensarse y relajarse, de la misma forma que toda célula y ser vivo. El planeta entero funciona de esta manera, ya sea a partir de ciclos de luz y obscuridad o temporadas de lluvia y sequías. Pero el opuesto fundamental, que es el que nos ocupa, es la división en la Tierra entre lo femenino y lo masculino. En su esencia cada uno posee características antagónicas hacia el otro, que fueron puestas en seres distintos con la tarea de aliarse para ser complementarios. Si comprendemos que todo en el planeta está dividido de esta forma podemos ver al cielo, que representa a la divinidad masculina, fecundando a la tierra, que representa la divinidad femenina, por medio de la lluvia y creando vida mediante esta unión de opuestos que al unirse forman una totalidad capaz de crear. Lo mismo pasa con la energía dividida en dos polos, el positivo, representando lo masculino, y el negativo, representando el lado femenino, ambos ejerciendo una mutua atracción.

Así, el amor es la energía que une lo que está separado y al hacerlo lo completa, lo vuelve una totalidad nuevamente. Platón lo expresa de la siguiente manera: "Originalmente la naturaleza humana era una y nosotros éramos una totalidad y el deseo y la búsqueda de esa totalidad se denomina amor" (Wilber, 2008).

Thomas Lewis lo define magistralmente de la siguiente manera: "El amor nos hace lo que somos y lo que podemos llegar a ser". Ya que es el amor lo que media entre los opuestos, lo que los atrae y lo que los empuja a completarse con su inverso.

III

¿Por qué es necesario amar?

S iendo el amor una energía, y el corazón su lugar de residencia, siguen existiendo algunos misterios con respecto a los porqués de los encuentros amorosos entre dos personas en particular.

Para comenzar por el principio hagámonos la pregunta: ¿por qué las personas forman relaciones amorosas, considerando lo complejas que son y la alta probabilidad que tienen de salir lastimados?

Si echamos un vistazo a la naturaleza vamos a ver que todo lo que existe en la creación tiene un propósito, es decir, una tarea que llevar a cabo. A esa tarea va sumada una energía para hacerlo, pero además, una sensación de bienestar, de estar completo. Por ejemplo, los caballos aman correr y a veces lo hacen simplemente por gusto; el caballo, anatómica y fisiológicamente, está hecho para trotar y galopar, cada órgano de su cuerpo y su disposición como conjunto están hechos para facilitar ese propósito.

Cuentan con reservas adicionales de sangre y un mayor bazo para almacenarlas, esto les permite correr por largo tiempo ya que incorpora esta sangre adicional al torrente para llevar oxígeno a todos los músculos del cuerpo. Lo mismo podemos decir de las aves, que, de igual manera, vuelan por placer y todo en su anatomía está ahí para facilitarlo: músculos irrigados de forma especial para ser ligeros, huesos con menos peso, forma aerodinámica y plumas que brindan impermeabilidad al aire debido al menor peso; todo está dispuesto ahí para un solo fin: volar. Esa acción llena al ave cuando lo lleva a cabo, la hace sentirse feliz; fue hecha para volar y cada parte de su anatomía se lo recuerda. Lo mismo ocurre con un gato que trepa y cuenta con una gran potencia en sus patas traseras y tiene un extraordinario sentido del equilibrio, o un perro que disfruta salir a pasear y utilizar su olfato para seguir una pista o proteger un territorio. Pero lo importante es que al hacerlo lo disfrutan, ya que fueron hechos para eso, su salud y muchos aspectos de su bienestar provienen de la posibilidad de llevar a cabo estas tareas.

Para los enfoques psicocorporales, la misión de cada órgano es cumplir con la tarea para la que fue creado, y dicha misión se asocia a su energía; así, nuestras piernas "quieren" caminar, nuestros ojos ver, nuestro estomago comer y nuestro corazón amar. De esta manera llegan a su plenitud, haciendo aquello para lo que fueron creados y para lo que están llenos de energía; de otra manera se verán invadidos por un sinsentido generado por la imposibilidad de completar su cometido y tarde o temprano enfermarán.

Nuestro corazón fue echo para amar y está lleno de energía amorosa que buscará intercambiar con otros corazones. Nuestro cerebro buscará y se regocijará al comprender, nuestras manos disfrutan crear, tocar y sentir; nuestras piernas sostenernos y darnos independencia. Estas son sólo algunas de las energías que poseemos y que determinan para lo que fuimos hechos, nuestra plenitud se acerca al llevar a cabo estas tareas.

Sin embargo, todas estas energías se pueden retraer y alejarse de su cometido cuando ejercerlas asocia dolor. El ejemplo más claro lo vemos en la sexualidad, una energía que se ha satanizado por siglos e incluso se ha castigado y juzgado a las personas por experimentarla, como en épocas anteriores, en las que se castigaba enérgicamente la masturbación y se le asociaban consecuencias terribles, resultando en graves problemas posteriores para llevarla a cabo de una forma sana y disfrutable, como impotencia, eyaculación precoz o frigidez.

Lo mismo pasa con todas las demás energías si se les asocia una connotación negativa. Se han observado problemas de sordera ligados a vivir en una familia que lastima con palabras repetidamente, o a personas que no están dispuestas a escuchar verdades dolorosas o incómodas sobre sí mismas; siendo la realidad que a lo largo de sus vidas no han querido hacerlo. Lo mismo ocurre con no querer "ver" algo y nuestra salud visual, o no querer "avanzar" en la vida y estar inexplicablemente imposibilitado para caminar y postrado en una silla de ruedas.

Pero la más frágil de todas las energías es el amor. "Un gran amor es un gran riesgo", dijo alguna vez el Dalai Lama. Y es que la energía que emana del corazón es una energía muy vulnerable, la más vulnerable de todas, el dolor la puede inhibir con facilidad, por eso necesita ser cuidada con gran esmero.

La energía del amor, además de ser la más importante, es también la más compleja, ya que pasa por cinco etapas que la fortalecen gradualmente; la empoderan hasta que esté lista para ejercerse. Por eso, las relaciones interpersonales que tenemos de niños, sobre todo con nuestros padres, están caracterizadas en cinco necesidades bien definidas, y cada una cubre un componente distinto e indispensable de las relaciones interpersonales. Después comprobaremos que nuestras relaciones entre adultos están hechas exactamente de los mismos ingredientes por los que fuimos atravesando de niños. Éstos se resumen en cinco virtudes necesarias para completar el ciclo amoroso: aceptación, compromiso, respeto, reconocimiento y lealtad.

Estas cinco virtudes aparecen como necesidades fundamentales a lo largo de nuestro desarrollo infantil y luego se recrean en la relación de pareja, en el mismo orden que aparecieron, para completar el ciclo del amor. Lo que este proceso va llevando a cabo es la posibilidad de abrir nuestro corazón para al final ser capaces de amar plenamente. Para esto es necesario conocer el camino que esta energía recorre desde su creación, los temas que toca, lo que va necesitando, sus requerimientos básicos, sus vulnerabilidades, lo que la alienta, así como lo que la inhibe.

Mientras muchos enfoques psicológicos del pasado han considerado al amor como algo ilusorio, asociado a los impulsos de la juventud o a anhelos inalcanzables, hoy en día podemos ver a parejas que se aman con profundidad y han logrado una comunión casi absoluta entre ambos. El amor no es una meta inalcanzable ni una fantasía infantil, es un proceso posible y realizable, sólo que requiere de elevadas características por parte de los participantes.

Estas cinco virtudes son fundamentales en todas las relaciones amorosas para lograr conectarnos con nuestros corazones y están asociadas a actitudes muy concretas que las personas deben tener para completar el ciclo del amor, cuya finalidad es entregar el corazón. Al entregar nuestro corazón el ciclo se completa y la energía amorosa se libera por completo, experimentando plenitud en nuestras vidas.

IV

¿Cuál es la naturaleza del amor?

La época actual está caracterizada por un alejamiento de la dimensión espiritual; el mundo occidental de la actualidad, sobre todo, se ha enfocado en una existencia material y ha desarrollado una ciencia que niega la dimensión espiritual del ser humano en muchos sentidos. El amor no ha quedado fuera de este trato, y para la gente de la actualidad el amor es muchas cosas, menos una experiencia ligada a la espiritualidad. Sin embargo, no podemos entender el amor si no es asociándolo a su verdadero origen, que es precisamente nuestro origen divino.

Carol Myss nos dice:

"El amor en su forma más pura, es decir, el amor incondicional, es la sustancia de lo Divino, con su infinita capacidad para perdonarnos y responder a nuestras plegarias. Nuestros corazones están diseñados para expresar belleza, compasión, perdón y amor.

Va en contra de nuestra naturaleza espiritual actuar de otra manera".

Y es que la espiritualidad y sus múltiples manifestaciones siempre han acompañado al humano. Observamos que a lo largo de la historia y a todo lo ancho de la geografía, prácticamente sin excepción, en cualquier lugar donde haya surgido un grupo de personas se han producido manifestaciones de su espiritualidad. Ésta ha estado presente hasta en las comunidades humanas más antiguas y parece haber seguido a la humanidad a lo largo de toda su existencia.

Toda civilización humana ha sido poseedora de una tradición espiritual sin importar la época en la que vivió ni el lugar. Incluso los grupos humanos más primitivos eran poseedores de una tradición espiritual. Pensar como lo hacía Karl Marx, en el sentido de que la religión era una mera estrategia inventada por alguien para manipular a las masas, es una idea profundamente reduccionista que no revisa aspectos sorprendentes sobre la espiritualidad humana ni el contenido de las doctrinas religiosas; hoy en día resulta difícil explicar mucha de la sabiduría que poseen. Existen trabajos enriquecidos por diversos autores, como el de la filosofía perenne, que hace una revisión de lo dicho por todas las religiones, concluyendo que todas plantean básicamente lo mismo:

1. La muerte no existe. Somos seres que estamos en este plano de manera temporal pero que eventualmente hemos de regresar a nuestra forma de existencia espiritual.

2. Existe una inteligencia superior creadora, un Dios al cual nos debemos y que rige el destino de todo lo que hay en el mundo.

3. Los seres humanos somos seres caídos en busca de un camino de regreso a nuestro origen. Las doctrinas religiosas son precisamente ese camino que nos muestra la forma de adquirir la conciencia plena alguna vez perdida.

Ese camino de regreso a Dios es precisamente el amor en todas sus formas, nuestra tarea en la Tierra es amar incondicionalmente a todo lo que existe, según todas las religiones. Así, las situaciones que enfrentamos son para vivir nuestras propias incapacidades amorosas y lograr trascenderlas.

Por lo tanto, afirmar que somos espirituales significa básicamente dos cosas; la primera es que el ser humano está compuesto de un cuerpo que representa su ser material, y la segunda es que existe una dimensión inmaterial del ser que está constituida por lo que denominamos alma. El alma trasciende la existencia del cuerpo, existe antes del inicio de la vida de éste y perdura aun después de su muerte. Sin embargo, la forma correcta de comprender este fenómeno, tal y como lo indican todas las tradiciones espirituales antiguas, no como seres materiales que poseemos un alma, sino almas que experimentan una vida material dentro de un cuerpo humano.

La visión del hombre que desarrolló durante la modernidad, sobre todo desde disciplinas como la medicina, la psiquiatría o incluso la psicología positivista, como ya dijimos, era más similar a la concepción de una máquina. Procesos como los sentimientos, aspectos subjetivos de la existencia como el aprecio de la belleza, el amor, la manifestación artística e incluso el núcleo de la voluntad, se hacen difíciles de explicar ya que son vistos tan sólo como respuestas a determinados estímulos. No hay cómo comprender fenómenos como la libertad, la trascendencia o el amor como tarea espiritual. Para estos enfoques la vida es sólo un accidente químico que se produce como un fenómeno aleatorio, tal y como lo postulan teorías clásicas de la modernidad como la de Aleksandr Oparin y el origen de la vida. Fenómenos como la enfermedad o la suerte de un individuo carecen por completo de significado y son entendidos sólo en su dimensión fisiológica. Para estas visiones de lo humano la persona es un ser que responde a ciertos estímulos mecánicamente y sus respuestas no son más que eso, sin que pueda mediar algo como la libertad o el sentido de la existencia. Desde aquí la vida se vuelve tortuosa y carente de esperanza, como lo describe Jean Paul Sartre en su libro *"La Náusea"*, escrito en el corazón mismo de la era moderna y caracterizado por su ateísmo.

Creer en la existencia del alma es creer que la vida cumple con una función más allá de la propia existencia material, es decir, que vivimos para algo, que estamos aquí por una razón. Esa razón es aprender sobre el amor, experimentar nuestras limitaciones y buscar trascenderlas, aunque en este nivel de conciencia no alcancemos a comprender ese sentido del todo. Por eso el sentido de la vida puede estar más allá de la propia vida, como lo plantea Viktor Frankl en la logoterapia. Desde la dimensión espiritual somos seres trascendentes.

Hoy en día existe una cantidad abrumadora de evidencia científica que da cuenta de este hecho. Cientos de miles de testimonios recaudados desde las más diversas disciplinas humanas dan cuenta de gente en salas de operación, bajo el efecto de la anestesia general, que son capaces de describir lo que ocurrió en la sala de operaciones como visto desde arriba, con mayor frecuencia cuando ocurrió un paro cardiorrespiratorio o cuando la persona estuvo a punto de morir; personas en estado de coma conectadas al encefalograma mostrando ninguna actividad cerebral que son capaces de relatar sucesos que ocurrieron durante su "inconciencia", y personas que tienen experiencias cercanas a la muerte en paros cardiorrespiratorios, muchas veces extracorporales, en las que están frente a una luz que los llena de paz y amor y ante una presencia divina y superior. También está lo reportado por Elizabeth Kübler-Ross durante su trabajo con personas moribundas capaces de ver a sus seres queridos ya fallecidos cuando la muerte se acercaba, los casos de muertes y resucitaciones médicas en los que se narran experiencias místicas de distinta índole, los trabajos de regresiones hipnóticas como los realizados por Brian Weiss, que dan cuenta de experiencias de vidas pasadas, y los trabajos con estados alterados de conciencia, ya sea por medio de la respiración holotrópica o con substancias psicodélicas, como las realizadas por Grof, que muestran distintas manifestaciones del mundo espiritual. Miles de profesionales de la salud mental de toda índole, producto de sus experiencias con las personas, no han tenido más remedio que aceptar la existencia de esta conciencia extracorporal que es capaz de ser evocada y de reportar datos precisos aun ante la falla o ausencia del cuerpo material. En todos estos casos encontramos que el motivo de regresar a la vida está definido por las relaciones que tenemos con nuestros seres queridos, por asuntos que obstaculizan nuestras relaciones amorosas que debemos resolver o por aspectos que aún debemos realizar, como perdonar o llevar a cabo un acto que pague alguna deuda emocional, ya sea un compromiso no cumplido o una traición que pudiéramos tener con quienes son, por medio del amor, significativos en nuestras vidas. En resumen, somos enviados a esta vida para tomar una lección de amor en cualquiera de sus complejas y muy diversas formas.

Así, las personas que llegan a nuestras vidas no son nunca producto de la casualidad, están ahí para un propósito espiritual y son aquellas con las que podemos tener asuntos pendientes; las que nos han de enseñar exactamente aquello que nuestra alma necesita en su camino de autotrascendencia; las que nos colocan ante las circunstancias que es necesario enfrentar para asimilar lo que venimos a aprender en esta vida. Que no es otra cosa sino las virtudes que emanan de nuestro origen espiritual.

Nuestra alma, en su camino de perfeccionamiento, tiene como tarea central el desarrollo de cualidades que nos hagan mejores seres humanos y que nos capaciten para la tarea de amar. Tal y como lo enseñan en sus doctrinas todas las religiones y los guías espirituales de todos los tiempos.

V

El origen

Como ya dijimos, el amor es la energía que nos conecta a unos con otros, una energía mágica que nos vincula, que nos relaciona y que establece una unión entre dos o más personas en múltiples dimensiones. Ocasiona que pienses en una persona, antes de que sorpresivamente te llame, que tengas el mismo sueño que tu pareja, que a cualquier distancia sepas que la otra persona está en peligro o tuvo un percance o que espontáneamente tararean una canción al mismo tiempo. Esta energía que nos conecta es la que hace que el otro nos importe, que nos duela su malestar o su miseria, e incluso otorga un poder para que el otro nos lastime al alejarse o retirar su amor o darlo en una forma que no es la esperada.

Esta energía ha estado siempre ahí: en una madre cocodrilo que protege a sus crías en el interior de su hocico; en las aves que vuelan al unísono generando una danza mágica en un atardecer, y en las aves y mamíferos que viven en grupos que se cuidan, colaboran, acompañan, que van en busca de alimentos que luego le comparten a los miembros de su familia, que se reparten un sinfín de tareas, que juegan y se alegran con la presencia del otro y se entristecen por su ausencia.

El camino de la evolución es muy claro en este sentido, los seres más primitivos, y por lo tanto más antiguos de la creación, manifiestan menos su amor. Si bien se observa la conexión que los vincula en forma invisible e inexplicable, como un banco de peces que nada en absoluta armonía y sincronización teniendo claro su sentido de pertenencia; no se observan expresiones de afecto tan explícitas como en los seres que aparecieron después en el tiempo y que son más evolucionados; así, una madre reptil puede ver morir a sus crías sin siquiera parpadear. Las aves y los mamíferos, en cambio, y sobre todo los seres humanos, vivimos mucho más intensamente y relacionados por medio del amor que los reptiles o los peces. Al avanzar la evolución, el amor es una posibilidad que se hace más y más evidente, sobre todo, a partir de que las especies son cuidadas directamente por su madre y nacen a un vínculo, es decir, a una relación que las une emocionalmente.

La naturaleza ha creado lo femenino y lo masculino por separado para que se atraigan y después se unan en una fusión que genera nueva vida. En el caso de las personas no es diferente, somos el resultado de la unión de estas dos energías que se hechizan mutuamente gracias al amor para vincularse. En el caso de la pareja, en última instancia, esta atracción de las energías provoca el deseo de fusión con el otro, una fusión de la que provenimos.

Todos los seres humanos, idealmente, venimos del amor. Somos el producto del vínculo amoroso entre dos personas que se enlazan mutuamente y esa relación termina por engendrar a un nuevo ser humano. Alexander Lowen dice que la sexualidad sana es la expresión física del amor, así, del amor surge la sexualidad como su forma de expresión corporal, y de esta forma se juntan los gametos que cada miembro de la pareja aporta al nuevo ser que es, literalmente, producto de la fusión de ambos.

De antemano sabemos que muchas de las formas de relación entre un hombre y una mujer que terminan por engendrar a otro ser humano son imperfectas, pero todas son intentos de amor, tal vez defectuosos, incompletos o desviados, sin embargo, el vínculo humano que genera vida está movido por el amor en su esencia más pura. La energía amorosa y la sexual están íntimamente relacionadas.

Mientras que el amor está en el corazón, la sexualidad se aloja en la cadera. Las personas pueden tener estas dos energías estrechamente conectadas entre sí o no. Hay muchas personas que han divorciado su cadera de su corazón, esto con la intención de proteger al último, ya que cuando las cosas salen mal éste suele ser el más perjudicado. Y aunque son los hombres los que tienen más dificultad para integrar estas dos energías (las mujeres suelen estar mucho más conectadas con su corazón mediante su sexualidad) la situación de desconexión se puede dar en cualquiera. Sin embargo, así como el amor al irse incrementando va moviéndose hacia la cadera para expresarse en forma de sexualidad, como cuando dos novios adolescentes que van cultivando su amor tienen expresiones de cariño físicas cada vez más intensas hasta que son incontenibles y se descargan mediante la sexualidad, lo mismo pasa a la inversa. La energía sexual que se experimenta con regularidad se va moviendo hacia el corazón y termina convirtiéndose en amor. Podemos observar con mucha frecuencia que una pareja que inicia un contacto sexual casual sin la intención de enamorarse, y si se frecuentan por un periodo no demasiado corto, va a generar amor a mediano plazo y sin proponérselo. Con el paso del tiempo se van a encontrar vinculadas y experimentando sentimientos por la otra persona, esto, con frecuencia, complica terriblemente sus intenciones iniciales. Por eso es que la sexualidad nos arroja resultados inesperados en el terreno del amor. Esta es una de muchas pruebas claras que muestran que la sexualidad genera amor. Y no sólo el amor genera sexualidad, las relaciones sexuales periódicas generan una energía que tarde o temprano se convertirá en amor.

Como terapeuta me ha tocado ver a muchas personas que han cerrado su corazón y que han desvinculado completamente su sexualidad de éste. La liberación sexual que hemos experimentado desde los años sesenta debido a la aparición de la píldora anticonceptiva ha fomentado esta posibilidad. La sexualización de la vida hace posible, y en muchos casos deseable, satisfacer los apetitos sexuales, dejando a un lado el amor y las ataduras que éste parece demandar. En los adolescentes se han vuelto frecuentes las relaciones sexuales entre amigos que no persiguen otro fin más allá que ese. Sin embargo, tarde o temprano la energía del amor se abre paso y las personas se enamoran de su pareja sexual, generando, en algunos casos, una revolución en su vida, y en muchas ocasiones sufrimiento, ya que el amor en ausencia de las virtudes que lo deben acompañar se convierte en dolor.

Así, la energía del amor crea vida por medio de la sexualidad, y no estoy diciendo que este sea su único fin, sino que es una de sus múltiples posibilidades. Como resultado de ese amor se genera un nuevo ser que se aloja en el interior del útero materno, creando un vínculo mágico y espiritual, también producto del amor. Es frecuente ver a las futuras madres completamente enamoradas del embrión que se encuentra en su vientre, y de ahí comienzan a pasar un conjunto de cosas un tanto sorprendentes.

Por ejemplo, es frecuente observar a una madre embarazada adivinar con certeza el sexo de su hijo que aún no nace, soñar con él o ella e identificar algunos de los rasgos que todavía no tiene pero que tendrá cuando se convierta en un bebé, o bien, al poco tiempo de su nacimiento. Una amiga me contó que ella siempre se despertaba unos cuantos minutos antes de que su bebé lo hiciera, cuando lloraba, ella ya lo esperaba despierta. La madre y el hijo tienen una conexión más allá de lo físico y más allá de lo que la ciencia actual puede explicar. Esta conexión es nuestro primer antecedente de amor a nivel de nuestro inconsciente más profundo.

Esta relación de amor con la madre existe antes de nacer. El útero materno es un todo que sostiene nuestra vida, que nos contiene, nos nutre y nos protege. Dentro de éste escuchamos el corazón de nuestra madre que al latir nos da vida y nos inunda de amor. Pero este estado de perfección no puede durar para siempre, después de la mayor parte del tiempo de gestación comienzan los problemas.

Antes de nacer, y conforme nos acercamos al parto, nacen también nuestros conflictos amorosos, ya que experimentamos por primera vez el ser rechazados. Porque eventualmente este continente que albergaba nuestra vida se vuelve insuficiente en espacio, en cantidad de nutrientes, en oxígeno, y comienza por romper con nosotros. Las primeras contracciones que aparecen en la segunda mitad del embarazo nos indican que esta relación idílica está llegando a su fin.

El feto a término, afectado por un útero que lo comienza a aplastar, se ve orillado a tomar una decisión crucial: romper con todo lo que tiene, con lo único que ha tenido hasta este momento, con ese vínculo mágico que tiene con su madre y que además lo mantiene vivo. Pero el feto es lanzado al vacío cuando la situación se vuelve insostenible, el útero materno termina por expulsarlo y el bebé se lanza a una muerte segura, pues no conoce otra cosa, ni siquiera la existencia del exterior. Al estar afuera, su línea de vida (el cordón umbilical) será cortada, y con esto su vínculo materno, su posibilidad de subsistencia, lo único que tenía. Así termina su primer amor. Quien le dio todo, ahora lo expulsa y corta con él este vínculo mágico que los dos disfrutaban.

Y entonces sucede el milagro de la vida, el bebé, al sentir su cordón umbilical roto y la primera sensación de asfixia, descubre que puede respirar, que la vida continúa, ahora con suficiente espacio y oxígeno abundante. Finalmente, cuando la madre lo toma en sus brazos y lo acerca a su pecho, él escucha nuevamente su corazón y el vínculo se restablece. Hay nuevamente una sensación de completitud. El bebé descubre a su madre ya no como algo envolvente y total, sino una presencia cálida que forma parte del mundo exterior. Así, el bebé pronto aprende que esta madre de afuera se acerca y se aleja, que acude a su llamado ante el displacer del hambre o el frío, que lo alivia con su presencia, pero también lo suelta; poco a poco ocurre una separación gradual en la que el bebé descubre que existe sin ella pero su retorno lo completa.

Esta es la naturaleza misma del amor que experimentamos a lo largo de toda nuestra vida. Una y otra vez nos enamoramos esperando sentirnos completos, y una y otra vez experimentamos insuficiencia. El amor que obtenemos funciona durante un tiempo y luego deja de ser completamente satisfactorio, entonces sentimos que no llega en la forma esperada. Generamos una relación que es satisfactoria por una época y luego debe transformarse porque se vuelve insuficiente. Esto no quiere decir que toda relación esté destinada a terminar, quiere decir que toda relación cumple un ciclo y después es necesaria su transformación, de no ser posible morirá. Entonces repetimos este ciclo que consiste en morir para nacer. De esta manera nuestro corazón se romperá un cierto número de veces y buscará reparar el vínculo que se ha perdido de nuevo; tratando de encontrar este equilibrio entre la existencia individual y la sensación de plenitud que sólo el otro puede darnos con su llegada. En el mejor de los casos cada relación nos ayudará a dar un paso hacia adelante en nuestra búsqueda del amor que nos pueda hacer sentir plenos.

Como esta energía es la réplica del vínculo con la madre en un inicio, y posteriormente con el padre, estas virtudes son precisamente las que ambos padres deben tener hacia sus hijos, ya que son las que por naturaleza necesitan los hijos. Todo vínculo amoroso es de alguna manera la recreación del vínculo que nuestros padres tuvieron con nosotros. Las carencias o defectos en estas virtudes producen una herida que les hará difícil vincularse amorosamente con alguien cuando sean adultos. Como nadie tuvo padres perfectos esto nos involucra a todos. La tarea a realizar es clara: desarrollar las capacidades que no adquirimos. Venimos de un estado de fusión con la madre, luego somos separados, después intentamos reconstruir el vínculo roto y unirnos nuevamente con otro, pero para lograrlo necesitamos adquirir las virtudes que no poseemos; de esta manera trascenderemos nuestra condición de separación por medio de poder construir una relación de pareja desde el amor.

Son cinco las virtudes que debe poseer toda pareja para que el amor logre prosperar; cuando somos niños las recibimos y como adultos se vuelven necesarias para avanzar en toda relación. Necesitamos que nuestras parejas nos traten de esta manera, pero, a su vez, debemos brindarlas de vuelta con el fin de construir una relación en la que la energía del corazón pueda expresarse plenamente. Desarrollar estas virtudes es la tarea fundamental a la que hemos venido al mundo.

Las cinco virtudes necesarias son las que integran cinco capítulos finales de este libro:

1. Aceptación.
2. Compromiso.
3. Respeto.
4. Reconocimiento.
5. Lealtad.

Cada virtud es una moneda de dos caras en la que, por un lado, necesitamos ser aceptados, y por el otro, debemos ser aceptantes. Necesitamos experimentar compromiso por parte de nuestra pareja, pero debemos ser comprometidos. Debemos ser respetados y respetar; ser reconocidos y reconocer; recibir lealtad y ser leales.

VI

El miedo

Pero antes de proseguir con las virtudes necesarias en nuestro camino de encontrar el amor pleno se vuelve necesario tocar un tema central. Aunque el amor es tal vez el bien más preciado para el ser humano, es también lo que más tememos, probablemente después del miedo a morir. El miedo a amar debe ocupar el segundo lugar en la lista de aquello que más nos asusta, sólo así podemos explicar nuestro afán de evitarlo e incluso destruirlo cuando más cerca estamos de alcanzarlo.

Son muchos los casos en los que el miedo a abrir nuestro corazón se interpone; es frecuente ver a personas boicoteando sus propias relaciones o inconscientemente haciendo todo lo posible por fracasar en el amor, sobre todo cuando todo iba mejor. Muchas personas relatan que fue en los preparativos de su boda cuando más pelearon con sus parejas y también cuando más inseguras estuvieron del paso que iban a dar. También sucede que cuando tenían todo para ser felices, inexplicablemente, alguien hace justo lo necesario para estropearlo todo, muchas veces hiriendo de muerte a la relación.

Tuve un paciente con una larga relación de noviazgo; al ir todo tan bien decidieron dar el siguiente paso y vivir juntos. A dos días de que les entregaran el departamento donde iniciarían su vida en pareja, ella le fue infiel con un antiguo novio.

El miedo al amor es directamente proporcional a las heridas que hayamos sufrido en el pasado, tanto en la infancia como en relaciones posteriores. El dolor sufrido se va convirtiendo en un impedimento para dar los pasos necesarios en una nueva relación. Literalmente nos convertimos en víctimas de estrés postraumático impedidas de estar en situaciones similares a las que recuerden el trauma.

En mi práctica como terapeuta, en distintos momentos, tuve como pacientes a dos mujeres con historias muy similares. Ambas quedaron huérfanas de madre a temprana edad. Ambas se criaron en familias donde la figura materna fue reemplazada por abuelas, tías y hermanas mayores; por lo que su desarrollo subsecuente, podríamos decir, transcurrió adecuadamente. Ambas se casaron y se encontraban en matrimonios que habían fracasado. Ambas culpaban a sus maridos de indiferentes e insensibles a sus necesidades. Ambas, eventualmente, se divorciaron. Al iniciar su nueva búsqueda del amor hicieron la misma afirmación: "No sé ser una novia". Parecía ser que frente a la menor amenaza de alguien que las hiciera sentirse enamoradas, ya fuera por sus atenciones, sus cualidades, su forma de ser o por el simple hecho de estar interesado en construir un proyecto de relación con ellas llevando el compromiso más allá, hacían todo lo posible por destruir esa relación; ya sea que perdieran el interés de repente, que dejaran plantado al sujeto en cuestión, que se comportaran en forma grosera o que desaparecieran sin dar ninguna explicación. La pérdida de la madre genera, ante todo, un miedo terrible de volver a amar y de volver a sufrir dolor por la pérdida del objeto amado.

Este caso es tan sólo un ejemplo de cómo el dolor, resultado de las pérdidas de aquellos a los que hemos amado y también de los fracasos amorosos de toda índole, genera un miedo que se apodera de todo y hace materialmente imposible que volvamos a abrir nuestro corazón a alguien.

Lo mismo sucede con todas las demás heridas emocionales que hemos sufrido en nuestras vidas. Los rechazos, los abandonos, las transgresiones, las faltas de reconocimiento y las traiciones del pasado nos acompañan en cada nuevo intento de abrir nuestro corazón. Toda nueva prueba nos recuerda el riesgo que existe, el dolor emocional que representa cada fracaso vivido. Llegamos a cada nuevo intento de relación como víctimas de trauma, cargando todos los temores de las heridas sufridas en el pasado. Con frecuencia los pleitos y las discusiones ya no son ni siquiera con la persona que tenemos en frente, le estamos hablando, y muchas veces gritando, a todos los fantasmas del pasado que nos han lastimado y convertido en seres preocupados por defenderse, llenos de corazas y escudos. Esto vuelve imposible abrir el corazón, un acto que requiere la difícil acción de mostrarnos vulnerables.

El problema de los miedos no termina en lo que venimos arrastrando del pasado, hay que agregar los miedos asociados a la pérdida de control, a abandonar nuestra zona de confort, y, en general, a la incertidumbre que provoca el mundo emocional por ser movimiento, por percibirse inestable; eso se convierte en miedo a la intimidad, al fracaso, a la pérdida de control, a repetir la historia, al simple acto de mirar a otro a los ojos, a experimentarnos vulnerables, a sentir con profundidad, a conectarnos, a estar en silencio. El viaje emocional que se inicia al enamorarnos asusta, y mucho. Lo peor es que la mayoría de las veces este miedo es invisible a nuestra conciencia y termina traicionándonos cuando menos lo esperábamos.

Pero también el miedo tiene su origen en algo que de antemano todos sabemos, o por lo menos intuimos: la finitud de todo lo que hay en este plano de existencia, el continuo cambio de las cosas, el movimiento que no cesa y nos aleja de la certidumbre. Joseph Campbell lo expresa muy bien al decir: "Demasiado bien sabemos cuánta amargura de fracaso, de pérdida, de desilusión y de insatisfacción irónica circula en la sangre hasta de los seres más envidiados del mundo. De aquí que no estemos dispuestos a asignar a la comedia el alto rango de la tragedia. […] pero el cuento de hadas de la felicidad ya no puede ser tomado seriamente en cuenta." Y es que parece que venimos a la vida a perderlo todo, parece que todas las experiencias fueran temporales, que incluso la felicidad más grande es sólo pasajera. Al final todos morimos, todo se acaba.

¿Y qué hacemos con esta realidad que convierte al acto de amar en un suicidio y al miedo en nuestro guardián? Carl Rogers acuñó la famosa frase: "En la aceptación está el cambio". Claramente vemos que esta vida está hecha para brindarnos experiencias temporales; la vida misma es una experiencia temporal, todo pasa, toda meta alcanzada se convierte en ese instante en algo irrelevante para el futuro, la vida sigue y parece no detenerse. Por eso cobra tanta importancia ese valor en que insiste el budismo del desapego, que nos permite continuar adelante en este mundo de cambio. Y así, aceptando que la vida es como es, y no como queremos que sea, sabiendo que al final no podemos ganar, que el tiempo sin duda obtendrá la victoria llevándoselo todo, continuamos en nuestro camino de perfeccionamiento en el amor, no porque sea una meta que vayamos a lograr, porque perseguirla nos permite avanzar en la dirección correcta.

El miedo, como todas las demás emociones, con frecuencia está oculto en el inconsciente. Lo primero que debemos hacer es hacerlo consciente y luego aceptarlo; hay que recordar lo que decía Carl Jung: "Lo que se resiste persiste". Los miedos suelen ser un tanto irreales en una sociedad en donde son exaltados para controlarnos: son la herramienta de las madres para controlar a sus hijos, de los gobiernos para controlar a sus pueblos y de los productores para inducir al consumo, en donde la instrucción es siempre sucumbir ante ellos sin la posibilidad de enfrentarlos y trascenderlos. Los miedos se vencen sobreponiéndonos a ellos, por lo que el miedo a amar se vence amando.

VII

Primera virtud: aceptación

Al llegar al mundo nuestra energía vital se dirige hacia fuera. En el estado previo, en el interior del útero materno, no existe un mundo exterior para conocer y descubrir, pero al salir nos encontramos con este mundo al que ahora pertenecemos. En ese momento la madre, nuestro primer vínculo de amor, se encuentra afuera. Pero el amor del bebé necesita sentirse aceptado por los que lo rodean en el exterior para poder continuar con su camino de descubrimiento. Este recién nacido necesita sentir que tiene derecho a ser la persona que es y que es valorado por serlo, ya sea niño o niña, moreno o rubio, de ojos grandes o chicos, claros u obscuros, con el temperamento que tenga y con sus particularidades en cuanto a intereses, aficiones y destrezas que irá desarrollando. Todas las expectativas que se depositen sobre él darán como resultado limitaciones a su deseo de ir hacia el exterior en su camino de exploración en el que se va convirtiendo en la persona que él verdaderamente es. El rechazo dará como resultado que esta energía vital no se despliegue por completo.

Todos, al nacer, tenemos derecho a un lugar en el mundo, a ser deseados, a que nuestra llegada sea motivo de alegría para nuestro entorno; que esa virtud sea ejercida dependerá la fuerza con la que la energía vital se dirija al exterior. En el caso de rechazos significativos, la energía del amor se retrae y se redirige hacia el interior de la misma persona, generando el fenómeno de la introversión.

El sentirse deseado y el hecho de que no se pongan expectativas sobre el recién nacido define en él el primer tema crucial en la vida amorosa de todo ser humano: saberse aceptado siendo quien es. Este derecho permite que nos movamos para ser las personas que verdaderamente somos, con nuestras propias características, gustos, defectos y cualidades, sintiéndonos amados por ser nosotros mismos.

Al ingresar a la escuela, el tema de la aceptación vuelve a estar en juego, ahora actuado por maestros y demás alumnos. Todos los niños están prestos a encontrar defectos en sus compañeros de clase y señalarlos; cualquier anormalidad será motivo de exclusión, y más vale a todos los niños contar con las características de aceptación que ese determinado grupo posee para no ser excluidos. Así, los niños van encontrando a sus pares y formando grupos en los que se sienten aceptados.

Estos primeros grupos a los que pertenecemos, que son nuestros primeros amigos —en una persona con buena autoestima—, tienen la cualidad de ser un lugar en donde podemos encajar siendo nosotros mismos, donde no habrá demasiados juicios sobre nuestra persona y nuestras características generales serán bien vistas. En el caso de tener una autoestima baja comenzaremos a dejar de ser nosotros para buscar ser aceptados por los demás.

Cuando alcanzamos la adolescencia las cosas se complican un poco más, ahora la necesidad de ser aceptados proviene de los integrantes del sexo opuesto. Los adolescentes centran su atención en el tema de "gustarle o no gustarle" al otro género. Y es que "gustar" es, precisamente, saberse aceptado. Cuando una persona manifiesta que alguien "le gusta" está llevando a cabo un acto de aceptación hacia otra persona; esto quiere decir que la forma de ser y las características en general le parecen aceptables. Entonces inicia un cortejo, en donde, mostrando nuestra mejor cara y haciendo alarde de nuestras cualidades, buscamos decididamente la aprobación del otro. En esta etapa los jóvenes se comienzan a tratar y a encontrar coincidencias en sus formas de ser. De esta manera se identifican y refuerzan la aceptación que el otro tiene de ellos, así como la de sí mismos al haber experimentado la aceptación que proviene de afuera.

Es entonces que nace la primera relación de pareja de nuestras vidas. Es en plena adolescencia cuando llega la prueba crucial de la aceptación amorosa, que consiste en que otra persona se vincule a nosotros de manera romántica confirmando que somos personas que podemos ser aceptadas al grado que otro nos elija como "objeto" de amor. En el camino de descubrimiento de la pareja y conforme se van conociendo más, el tema de aceptación juega un papel fundamental ya que en el momento en que alguno descubra algo que no le parezca aceptable del otro, dará por terminada la relación. Por lo que, en estos momentos iniciales, solemos mostrar nuestra mejor cara. Por eso es por lo que toma un tiempo conocer verdaderamente a otra persona, ver sus características tal cuál son, y poder ver más allá de la máscara que todos nos ponemos al inicio para buscar la aceptación del otro.

Así, pasado un tiempo, y después de haber vivido un número significativo de experiencias, llega el momento de descubrir sus defectos o las cosas que a ti no te parecen aceptables. Es entonces que debes tomar una decisión: "lo tomas o lo dejas". Tarde o temprano hay que decidir si la persona con la que estamos iniciando una relación se acerca a lo que quisiéramos, es decir, si cumple nuestras expectativas. Sin embargo, es más importante saber si ha llegado a tocar nuestro corazón. Hay características de las personas que evidentemente nos alejarán de ellas, también hay otras que, como un imán, nos atraen al instante. Por lo general es atractivo que posean características que nosotros no poseemos y nos gustaría tener; una forma de adquirirlas es a través de la pareja. También cuenta el estilo de vida y el proyecto que pueda existir en común. Es fundamental que no nos quedemos sólo porque la persona "nos quiere" y pensamos que no va a ser fácil volver a pasar la prueba de la aceptación con alguien más.

El problema es que cuando tomamos la decisión de permanecer, la mayoría de las veces, no somos del todo aceptantes, y entonces comienza una lucha que puede volverse interminable: la lucha por cambiar al otro.

Cuando alguien trata de cambiarnos nos hace sentir rechazados, y esto pega profundamente en nuestra herida inicial de rechazo. Hay que considerar que como nadie tuvo padres perfectos cuando llega el momento de ser aceptados después de nuestro nacimiento, todos experimentamos, en mayor o menor grado, una herida de rechazo. Así, a lo largo de nuestra vida, cada vez que volvamos a ser rechazados por alguien, esta herida se reactivará y hará que nuestra energía de amor se vuelva a replegar.

En el caso de estar con una pareja que al no aceptarnos plenamente intenta cambiarnos, ocurrirán uno de dos fenómenos. El primero es que la persona rechazada se va a esforzar por ser aceptada y dejará de ser quien es realmente para intentar conseguir la aprobación del otro. Pero esto no hace más que posponer el problema, ya que al renunciar a aspectos fundamentales de su personalidad por imposición de otro hará que se comience a sentir frustrada; lo más probable es que le cobre al otro con la misma moneda; entonces comienza en la pareja una guerra de prohibiciones y condicionamientos en donde la relación de amor termina por destruirse, y en ocasiones la pareja se separa, en el mejor de los casos; en el peor permanecen juntos, haciéndose la vida imposible y acatando las prohibiciones que les impone su contraparte para adquirir el poder de hacer lo mismo con el otro. La segunda posibilidad es que simplemente repliegue su energía amorosa y continúe en una relación que permanecerá insatisfactoria para ambos, guardando en secreto su añoranza de vivir siendo aceptados.

Muchas parejas viven en esta guerra y soportan el dolor que les causa no ser del todo aceptados por sus parejas, e inconscientemente devuelven la agresión con la misma moneda. Cuántas parejas vemos peleando exactamente por los mismos aspectos durante años, o prohibiéndose actividades que disfrutan hacer o luchando incansablemente por transformar un hábito que el otro no desea transformar. También están los que se "conforman con lo que tienen" al no aceptar verdaderamente los defectos que no les gustan de sus parejas, pero sin asumir el reto que existe para sí mismos de volverse personas más aceptantes y compasivas con sus parejas y consigo mismas, quedándose en una mediocridad dolorosa e insatisfactoria para ambos.

La compasión es una herramienta poderosa para avanzar en la aceptación cuando así lo hemos decidido, ser compasivo es comprender amorosamente a los otros. Finalmente todos somos como somos, sobre todo en cuanto a nuestros defectos, porque de pequeños fuimos lastimados y esta ha sido la forma en la que nos hemos logrado adaptar para sobrevivir. Ver la herida de nuestra pareja, su dolor y no sólo su defecto ayuda en el camino de la aceptación.

Por eso es vital que llegado el momento de pensar si te quedas con una persona o no consideres muy bien todas sus características, virtudes y defectos, pensando en que no va a cambiar y tú no lo vas a hacer cambiar. La otra persona es un paquete completo que tomas o dejas; si lo tomas, tienes que saber que renuncias a luchar para que la persona cambie. Tienes que pensar muy bien si puedes ser compasivo con los defectos de tu pareja y si los puedes tolerar amorosamente sabiendo que son parte de la misma persona a la que quieres y de la que te sientes atraído. Si bien es cierto que las personas pueden hacer cambios para mejorar, estos cambios siempre son el resultado de su propia voluntad y no de la imposición de otro.

Cuando Erich Fromm afirma que el amor es una decisión, sin duda se refiere a esta etapa, a la de aceptación, que tiene más elementos de decisión que ninguna otra. Con esto no estoy afirmando que debemos aceptar todo de todos. Evidentemente hay muchas cosas que son inaceptables o que por lo menos a nosotros nos parecen así, por eso conocernos es fundamental, para saber qué somos capaces de tolerar, qué deseamos y qué apreciamos en otra persona. A veces toma años de relación conocer la respuesta a estas preguntas, en otras ha sido necesario permanecer en una relación por largo tiempo para descubrir exactamente qué es lo que no queremos en nuestras vidas.

La pareja es un espacio de confrontación en donde dos seres humanos con dos ideologías y formas de ser distintas van a chocar entre sí y a enfrentarse al otro y a sí mismos. Cuando vivimos solos no vemos nuestros defectos porque estos no chocan con otra persona, al convivir con alguien más, nuestros hábitos más simples se estrellarán con la forma de ser de la otra persona y surgirán conflictos. También es frente al otro que aparecen nuestros defectos, carencias y limitaciones como seres humanos: el egoísmo, la falta de empatía, no saber escuchar, la avaricia, la deshonestidad, mentir, evadir, etcétera. Estas son conductas que afloran ante el otro, si no existiera el otro estas actitudes tampoco. Son características que sólo saldrán a flote al relacionarnos íntimamente con alguien. Estas peculiaridades permanecen invisibles al estar solos o en relaciones poco comprometidas, pero cuando profundizamos un poco más, entonces salen a la luz nuestras áreas de oportunidad.

Ese es precisamente el regalo que nos hace la vida en pareja: nos ayuda a conocernos como ninguna otra experiencia. Y aunque una relación de pareja sea por definición un terreno de confrontación, es el espacio que más nos permite crecer y cambiar positivamente. Ya que, gracias al amor, el vínculo que se ha creado no se puede disolver con tanta facilidad, como en muchas otras situaciones en las que al sentirnos incómodos simplemente las abandonamos. El amor genera una relación que nos obliga a quedarnos, a permanecer, porque salir huyendo de lo que no nos gusta del otro o de nosotros mismos en presencia del otro se vuelve demasiado doloroso; estamos frente a la disyuntiva de crecer como seres humanos o sufrir la pérdida del ser que amamos. Si hay amor es más el dolor de la ausencia del ser amado que lidiar con sus defectos y con los nuestros, por eso la aceptación es una virtud indispensable, ya que sin ella no quedaría salida posible.

Por un lado, no podemos partir del rechazo para transformar a otro o a nosotros mismos, el punto de partida siempre es la aceptación. Desde ahí ambos pueden crecer y transformarse en mejores seres humanos. En cambio, el rechazo nos hace ponernos a la defensiva y resistir un cambio que probablemente sea necesario. Por otra parte, las expectativas son algo con lo que debemos tener cuidado, ya que se pueden entender como rechazo y funcionar de manera negativa para la relación; toda expectativa se convierte en una trampa que atrapa al otro. Al tener expectativas no dejamos que la otra persona sea o se convierta en la persona que realmente es. La expectativa condiciona a tener que cumplirla, ya que siempre tenemos la necesidad de ser aceptados. Al mismo tiempo, las expectativas impiden apreciar las virtudes reales que nuestra pareja tiene y que debemos apreciar sin que pese sobre ella ninguna comparación.

Por ejemplo, si una madre espera que su hija pequeña se convierta en doctora cuando sea grande, porque así podrá acudir a ella cuando se enferme siendo mayor, mientras que la hija sueña con ir a África, cuando crezca, a cuidar de los animales a una reserva, la expectativa de la madre se atraviesa en los sueños de la niña, que debería soñar con libertad para finalmente convertirse en la persona que ella realmente es y vivir la vida que vino a vivir. Las expectativas de su madre se traducen en rechazo ya que lo que ella anhela no es lo mismo que lo que espera la madre y aparecerá inevitablemente un miedo a defraudarla o a perder su afecto por desear algo distinto. Algo parecido ocurre con las parejas, las expectativas de nuestros seres queridos nos atrapan, alejándonos de nuestros sueños y vocaciones. Por eso, tanto los prejuicios como las expectativas son entendidas como un rechazo. Demasiados planes, demasiada rigidez en lo que esperamos y demasiados proyectos dificultará ser verdaderamente aceptantes con nuestra pareja.

Saber que tienes el derecho fundamental a ser la persona que eres, con tus gustos y preferencias, a hacer las cosas a tú manera, a equivocarte y a tomar tus propias decisiones, a no complacer a nadie ni cambiar si tú no lo deseas, a elegir tu camino y hacerlo a tu modo, te hará entrar en una relación de pareja donde la aceptación esté garantizada.

VIII

Segunda virtud: compromiso

Al estar fuera del útero materno nuestras necesidades ya no se satisfacen en forma automática, por lo que ahora es necesario que nuestros padres acudan a satisfacerlas. La presencia de nuestra madre ya no es permanente como lo fue antes, un bebé depende de la conducta de otros para garantizar su supervivencia: lo que la garantiza es la prontitud y la oportunidad con la que acudan. Esto está definido, casi siempre, por su nivel de compromiso, lo que hará que los padres resulten confiables para sus hijos o no. Al encontrarnos afuera la forma de relacionarnos se modifica radicalmente, pero, sobre todo, incorpora un nuevo elemento: el compromiso, indispensable para sostener este nuevo vínculo.

La energía del amor seguirá su camino de expansión hacia el mundo exterior en la medida en la que pueda confiar, y esta confianza básica es producto de la certeza de que los cuidadores estén en la posibilidad de satisfacer amorosamente y con compromiso las necesidades del pequeño.

Los dos primeros años de vida son en los que los niños no pueden hablar ni caminar y cuando su dependencia es mayor, casi absoluta. Este es el momento de nuestras vidas cuando fuimos más dependientes de nuestros padres, y para sobrevivir necesitábamos que fueran puntualmente a nuestro llamado, es decir, que se ocuparan de manera oportuna de satisfacer todas y cada una de nuestras necesidades. Esa es la forma en la que un bebé se sabe amado, porque lo cuidan, porque se ocupan de él, porque acuden cuando llora, porque los padres están al pendiente y, en general, porque sostienen un compromiso de satisfacer sus necesidades que resulta adecuado para el recién nacido.

Los psicoanalistas refieren a la posibilidad de construir una primera relación con la madre, que ahora existe en el mundo exterior para el bebé, como constancia objetal. Esta nueva forma de relacionarse tiene una característica muy particular que la hace diferente de la relación previa que sostenían ambos. Esta es una relación intermitente ya que la madre inevitablemente se ausenta de la presencia del hijo para luego regresar. La certeza de su retorno oportuno le da al bebé confianza que se traduce en la capacidad de sostener una relación que perdure en el tiempo con la misma persona; esto es posible en la medida en que la madre tenga intervalos de ausencia-presencia más o menos constantes que permitan que el bebé pueda anticipar su retorno adecuadamente y sentirse confiado que sus necesidades serán cubiertas. De esta manera es posible construir un vínculo con ella. La inconstancia de los padres y su impredictibilidad dará como resultado una angustia crónica y el impedimento para generar la constancia objetal, pieza clave durante el resto de nuestras vidas para la construcción de una relación sana con cualquier otra persona.

Si nuestros padres no fueron buenos depositarios de nuestra confianza para atender estas primeras necesidades y no estuvieron oportunamente cuando los necesitamos, entonces se produce en nosotros la herida del abandono que está acompañada de un enorme miedo a confiar en el prójimo. Fenómenos como las adicciones o la codependencia se explican por esta herida y afecta cómo nos relacionamos con los satisfactores que vienen de afuera. Si nuestros padres satisficieron adecuadamente nuestras necesidades en esta etapa pasamos a la siguiente sabiendo que nuestro bienestar no depende de lo externo; sin embargo, si no satisfacen nuestras necesidades básicas la energía se queda atorada en esa forma particular de satisfacernos y entonces vamos por la vida buscando retribución desde el exterior; pero al no ser esta la solución a nuestros problemas de ansiedad, o de vacío interno, aumentamos la dosis, generando un consumo compulsivo que termina convirtiéndose en adicción. Las personas con esta herida creen que la satisfacción está afuera de ellos: en las substancias, en los objetos que compran, en las personas que conozcan, en las relaciones que tengan, etcétera; sin descubrir que la única satisfacción plena sólo puede provenir de la actitud que uno genera frente al mundo. Los portadores de esta herida entablan relaciones para aferrarse a ellas, para obtener lo que no obtienen en sus vidas por sí mismos, y entonces le demandan a la relación excesivamente hasta que la asfixian, siempre con el reclamo de que no fue suficiente o que la otra persona no dio todo lo que se esperaba de ella.

Los padres causantes de esta herida son padres "niños", es decir, inmaduros. Tienen una gran dificultad para satisfacer las necesidades de sus hijos oportunamente, pues su propia inmadurez los hace dependientes a ellos mismos, y por lo tanto incapaces de darle a sus hijos lo que requieren. En el peor de los casos estos padres terminan abandonando a sus hijos, que conscientemente saben de lo que fueron víctimas, que tuvieron que salir adelante por sí solos y que hubo muchas carencias en su desarrollo. Pero existen otras formas de abandono encubiertas que a veces son incluso más perjudiciales, como la sobreprotección, que no es otra cosa sino abandono disfrazado. Los padres sobreprotectores no satisfacen verdaderamente las necesidades de sus hijos, sino las propias, en una forma encubierta en la que pareciera que lo hacen por ellos. Esto termina generando confusión ya que los hijos creen que el abandono es lo único que no les pasó. Los padres sobreprotectores siempre hacen alarde de cuánto han dado por sus hijos, sin embargo, este "sacrificio" no es un verdadero cuidado. Todo padre sobreprotector es un padre inmaduro que en realidad antepone sus necesidades a las de sus hijos, quienes crecen con culpa y un sentimiento de deuda hacia sus padres por el sacrificio realizado.

Dicha deuda violenta el derecho que todo pequeño tiene a depender y a necesitar de sus padres para sobrevivir, este sentimiento de deuda es un grave impedimento para abrir nuestro corazón a las futuras relaciones amorosas, ya que desde ahí existe pánico de que frente a nuestra necesidad el otro tomará ventaja y la usará para cobrarnos alguna cuenta pendiente. Al amar y abrir verdaderamente nuestro corazón se genera una "necesidad" del otro, que en principio se considera sana y es bastante lógica: propia del verdadero amor. Erich Fromm se refiere a ella como: "te necesito porque te amo", en vez del patológico, "te amo porque te necesito". A las personas con culpa de depender, ya que de pequeños fueron lastimados al expresar sus necesidades, esta situación (la de necesitar) les resulta inaceptable y reaccionan asumiendo una actitud de soberbia que pretende negar la posible necesidad de otro, cerrando toda posibilidad de amor profundo.

Un padre adulto, por el contrario, es capaz de satisfacer las necesidades de sus hijos. De esta manera genera confianza en ellos para recibir. Al experimentar esta confianza el corazón del hijo se abrirá porque sabe que puede confiar, que lo que necesita del exterior llegará adecuadamente, por lo que la angustia se extingue y avanza adecuadamente a la siguiente etapa de desarrollo.

Así, cuando somos adultos, la presencia de la persona amada en tiempo y forma permite la posibilidad de abrirle nuestro corazón de nuevo. Ya que reconocemos que podemos confiar.

En toda relación de pareja nos colocamos siempre, en mayor o menor grado, en manos del otro. Tarde o temprano la confiabilidad de la que la otra persona es capaz se hace decisiva, y en la medida en la que la relación avanza y se contraen nuevos compromisos, esa interdependencia crece y se vuelve cada vez más necesario que el otro sea una persona confiable para nuestro bienestar más básico.

Se pueden observar verdaderas tragedias gestadas a través del tiempo en parejas con hijos, o que comparten bienes materiales, debido a la imposibilidad de alguno de atender los compromisos adquiridos. Vemos a parejas hundidas en verdaderos infiernos económicos o incapaces de atender a sus hijos por no contar con el apoyo adecuado de su contraparte. Existe un infinito de situaciones en las que dependemos de la persona con la que nos vinculamos de manera afectiva, por eso es importante elegir correctamente a alguien de quien se pueda depender cuando llegue el momento.

Si la persona con la que estamos iniciando una relación es puntual, acude cuando hemos quedado, tiene palabra, es decir, hace lo que dice, cumple sus promesas y en términos generales sabemos que contamos con esa persona en una forma constante y predecible, entonces sabemos que podemos abrirle nuestro corazón.

Si, por el contrario, la persona con la que pretendemos entablar una relación no es confiable, en cuanto a que incumple los compromisos establecidos, el corazón recuerda su herida infantil e identifica la imposibilidad de la constancia objetal y no logra abrirse por completo. La causa de que muchas personas se relacionen con otras que no satisfacen esta virtud fundamental es que de niños tuvieron padres que no fueron confiables en cuanto a esta característica, entonces buscan recrear su herida luchando porque este nuevo amor cambie y cumpla con lo que sus padres no fueron capaces de cumplir en la infancia. Evidentemente esta lucha no es amor, es tan sólo la energía del conflicto neurótico atrapada ahí por años, tratando de que quien no estuvo finalmente acuda.

Una paciente que tuve hace algunos años intentaba salvar su matrimonio, ella se encontraba muy enojada por las constantes faltas a los compromisos establecidos que tenía su marido. El más significativo había sido cuando nació su primer hijo: su esposo desapareció los siguientes dos días por estar bebiendo con sus amigos, mientras la paciente sacaba adelante la tarea de convertirse en madre primeriza por sí sola. Años después sucedieron ciertas situaciones, su marido olvidó recoger a su hijo de cinco años en una fiesta infantil, como había quedado de hacerlo, por encontrarse en una reunión, bebiendo. Pero esta tragedia matrimonial había comenzado muchos años atrás. Durante el noviazgo él solía ser impuntual con cierta frecuencia, no acudía a algunos compromisos, etcétera. Todo ese tiempo ella luchó por que él se volviera responsable, y aunque ocurrieron avances por momentos, todo se venía abajo nuevamente con el siguiente olvido y consecuente abandono. Finalmente ella comprendió que él no tenía la madurez para formar una relación de pareja y decidió divorciarse. También entendió que se había casado con él recreando la herida que su madre le había causado, estando severamente deprimida y siendo incapaz de acudir a satisfacer sus necesidades de bebé oportunamente durante sus primeros años de vida. El aprendizaje para ella había quedado claro: no era posible abrir su corazón verdaderamente si no existía la confianza que genera la virtud del compromiso.

Toda relación necesita fundarse en una confianza básica: la certeza de que contamos con el otro. Pero no de manera infinita, esto sería una demanda imposible de satisfacer, sino tal y como la otra persona lo ha propuesto. Básicamente se trata de que honre su palabra.

Las relaciones de pareja pueden tener intervalos muy distintos para encontrarse, para hablar y para realizar las actividades que hacen juntos. Hay quienes se ven poco o se hablan poco y hay quienes se ven con mucha frecuencia y hablan con mucha frecuencia. Si existe la formalidad de acudir oportunamente a estas actividades la relación puede subsistir, sin que importe tanto la costumbre que una determinada pareja tenga para procurarse. Si, por el contrario, no existe este compromiso la relación terminará por destruirse, aun cuando parecieran muy cercanos.

IX

Tercera virtud: respeto

Podría parecer que el respeto es algo demasiado obvio para ser incluido en una teoría sobre el amor, podríamos pensar que es un valor que queda por entendido que debe existir en toda relación humana; pero no resulta tan obvio al observar cómo muchas parejas fracasan por la ausencia de este elemento. No me quiero referir al respeto de una forma coloquial, ni como una mera norma de educación, sino una forma muy particular de consideración hacia el otro que se hace necesaria en la energía del amor. Para efectos de esta exposición, por respeto, entenderemos el derecho que tiene toda persona, pero en particular la pareja, a decir que no y nuestra obligación de acatarlo.

Cuando somos pequeños y llegamos a la edad de tres años adquirimos la posibilidad de hablar para relacionarnos con otras personas y descubrimos que las palabras tienen un gran poder. Se pueden utilizar para obtener lo que deseamos, para dar afecto, para complacer a los padres, inclusive como armas capaces de lastimar y herir a las otras personas. Sin embargo, a esta edad en particular existe una cualidad de las palabras que interesa al niño especialmente: la posibilidad de poner límites mediante ellas. Esta cualidad se asocia inevitablemente a la palabra "no", que representa el derecho que toda persona tiene a poner límites con respecto al exterior y al resto de la gente. A esta edad, con frecuencia, ésta se convierte en su palabra favorita y los pequeños dicen que no a prácticamente cualquier pregunta. Dicen "no" aun al ofrecerles cosas que ellos desean e incluso ante las preguntas que no entienden. Esta se vuelve su respuesta automática antes que cualquier otra cosa. Es justo en esta etapa que se está ejercitando, y por lo tanto fortaleciendo, la posibilidad de que las personas del exterior cesen sus acciones dirigidas hacia el pequeño. Es la posibilidad de tener un poco de control sobre uno mismo, de decir basta cuando hay dolor o nos sentimos incómodos, de poder decidir sobre lo que queremos y no queremos, de que nuestros deseos e impulsos encuentren satisfacción, etcétera. De esta manera se genera una cierta seguridad con respecto a su entorno. Siempre y cuando el entorno sea respetuoso de estos límites que el pequeño está aprendiendo a poner.

A esta edad los niños están deseosos de intentar hacer las cosas por sí solos; buscarán ponerle un límite a los padres que antes controlaban todas sus actividades, intentarán realizar por sí mismos tareas en las que antes recibían ayuda, preferirán caminar a ser cargados, intentarán bajar una escalera sin ayuda, escogerán su ropa, se vestirán por sí solos y se anudarán los zapatos sin apoyo. Lowen describe este derecho como el derecho a no depender, en oposición al derecho previo que es, precisamente, depender.

El niño de tres años comienza a tener un control sobre las interacciones que lleva a cabo con otras personas y a sentir seguridad de que los otros cesen su conducta hacia su persona cuando ellos no se sienten cómodos, entonces construyen una seguridad fundamental para relacionarse.

Si por el contrario los padres o las personas a cargo no respetan estos límites que el pequeño trata de imponer, entonces se les conoce como transgresores y vulneran en el niño la posibilidad de poner los límites tan necesarios, quedando vulnerada su seguridad para relacionarse.

Es posible ver a muchos adultos que con frecuencia acuden a donde no quieren ir, que se dedican a cosas que no les gustan o que permanecen en relaciones que los lastiman. Esto ocurre porque en la infancia temprana padecieron de padres o cuidadores transgresores que vulneraron su capacidad de decir "no" y de poner límites a la acción del otro sobre sí mismos cuando resultaba molesta.

Todo niño cuyos padres no respetaron su derecho a decir "no" ocupa su energía en "resistir" a unos padres transgresores. Como el niño tiene menos poder que los adultos a su cargo, su único camino para recuperar el control sobre su persona es resistirlos con agresión pasiva, es decir, oponerse, no con lo que hace, sino con lo que deja de hacer: romper las expectativas que los padres tienen de él, olvidar las tareas que se esperan de él, no comprender las cosas para evitar realizar una tarea que le encomendaron, sufrir accidentes que lo hacen fallar continuamente en la conducta que se espera de él, etcétera. Estas son sólo algunas de las estrategias que la mente inconsciente comienza a utilizar para resistir a estos padres que no aceptarán un "no" como respuesta. La agresión pasiva resulta en una estrategia formidable ya que no se le puede combatir abiertamente. Al hacerlo uno se enfrenta a excusas como: "se me olvidó", "yo no sé", "no entiendo", "fue un accidente", "no puedo", "no es mi culpa" y muchas otras en las que la persona no asume su responsabilidad sobre los hechos que le atañen, aludiendo a que ella no hizo nada y que simplemente así sucedieron las cosas. En efecto, la persona no hace nada, y es ahí donde radica su agresión con la que combate el intento de los padres de sobrecontrolarlo.

Así, al entrar a un proceso de enamoramiento y pasar las dos primeras etapas, llega el momento de establecer una lucha de poder y conocer los alcances de cada quien dentro de la relación. También aparece un sentimiento de pérdida de control, sobre todo una vez que tu pareja te ha aceptado y se ha mostrado como una persona confiable. Entonces surge un temor a perder el control de ti mismo, ya que tu deseo de amor quiere fundirse con el otro, y eso, precisamente, amenaza la esencia de la persona que eres. ¿Hasta dónde vas a ceder en tus gustos o inquietudes? ¿Hasta dónde vas a perderte a ti mismo con esta nueva persona para, en mayor o menor grado, dejar de ser tú? ¿Hasta dónde estás dispuesto a ceder a las exigencias del otro?

En esencia surge una lucha de poder que ha de definir tus alcances en la relación. Toda pareja tiene que alcanzar un punto de equilibrio en el que se defina el poder que cada uno tiene en la relación. Por ejemplo, si son aficionados al cine, en un inicio es frecuente que ambos estén dispuestos a ceder con respecto a la elección de la película, pero ahora toca definir cuáles son mis alcances y quizá ya no me sienta satisfecho con dejar elegir al otro. Lo mismo ocurre en el matrimonio cuando toca decidir con qué familia hay que pasar la navidad o las vacaciones. En esta etapa los miembros de la pareja quieren manifestar su individualidad y plasmar sus gustos o inquietudes en las decisiones de la pareja. Para eso es necesario que ambas partes abandonen su necesidad de control y cedan un tanto a favor del otro y de la pareja.

Quiero señalar que quien no observe este dilema no está abriendo del todo su corazón. Al avanzar en una relación de pareja inevitablemente sufrimos pérdidas en nuestra individualidad y en nuestra libertad que despiertan estos temores. Entonces se hace necesario poner a prueba este tercer elemento, la posibilidad de decir "no", de ponerle límites a tu pareja y de preservar para ti mismo algunos aspectos de tu persona y recuperar el control de una parte de tu vida y tus decisiones.

Evidentemente no se trata de decir que no a todo, porque entonces la relación se destruye. El "no" constante hace imposible el construir algo con alguien. La relación se alimenta de los "síes" que la pareja se da. Y como toda elección representa una renuncia, al formar una pareja hay algo de tu vida individual que inevitablemente se perderá. Existe una parte de todo individuo que se necesita sacrificar en favor de la relación, quien no esté dispuesto a sufrir esta pérdida no podrá tener nada. Pero, como todo, está hecho con base en equilibrios entre opuestos. Tampoco es sano renunciar a todo de nuestra vida individual, lo que realmente importa es que a la vez que seamos capaces de ceder terreno a favor de la relación y de una vida en común, también exista la posibilidad de poner algún límite cuando se vuelva necesario.

Cuando nuestra pareja comprende nuestro derecho a decir "no" en ciertas circunstancias sentimos que dentro de nuestra relación existe respeto, la tercera virtud esencial para que el amor florezca. Al no sentirnos sobrecontrolados porque nuestra pareja no es transgresora, entonces podemos seguir adelante ya que nos hemos recuperado a nosotros mismos.

El corazón necesita saber que aún mantiene el control sobre sí mismo antes de poder entregarse del todo. La posibilidad de tener una pareja que se detenga frente a nuestra negativa nos devuelve la seguridad dentro de la relación. Claro que esto nos mete de lleno en el antiguo y clásico dilema del amor: ¿cómo amar sin poseer?

El sobrecontrol es con frecuencia el más grande enemigo del amor; puede asfixiarlo por completo en poco tiempo. Muchos venimos de familias con padres sobrecontroladores que nos hacen creer que quien nos ama nos ha de limitar en muchas de las cosas que disfrutamos o en la esencia de lo que somos. ¿Cuántas madres dictan a los hijos cómo comportarse hasta en los más mínimos detalles y los alejan de cualquier cosa que ellas consideren un riesgo, a fin de que sus hijos se mantengan seguros e impidiéndoles desarrollarse sanamente?

Exactamente lo mismo observamos en las relaciones de pareja en las que vemos a las personas que sienten que tienen el derecho de mandarle a su pareja las actividades que puede y no puede hacer, sin importar el valor que estas actividades tengan para el otro. Estas personas han aprendido que el amor es control. Sin embargo, lo que van a experimentar en la realidad va a ser la extinción de su vínculo amoroso, ya que la transgresión que le propina a su pareja, con el tiempo, hará su vida inaguantable, alejándolos de la alegría de vivir y del derecho fundamental que todos tenemos de tener las preferencias que definen nuestra personalidad. Debemos de partir del principio de que la relación es entre dos adultos o, en su defecto, entre dos pares, en donde ninguno tenga mayor poder que el otro, puedan dialogar sus puntos de vista, alertarse sobre los riesgos asociados a una determinada actividad y expresar desacuerdos, pero nunca ordenar al otro en términos de subordinación, ni considerando que el otro tiene la obligación de obedecer. Esto lo hacen tanto los hombres musulmanes, con las mujeres a las que convierten en menores de edad al prohibirles una larga lista de acciones a las que en el mundo occidentales calificaríamos como requisitos mínimos para la vida adulta, como las mujeres latinas, que forman matriarcados con hombres sometidos que terminan pareciendo más sus hijos que sus parejas. Al sobrecontrolar al otro lo perdemos como pareja en el sentido más literal de la palabra. Una pareja está hecha de equilibrios y contrapesos, de dos personas que se complementan, se acompañan, se aconsejan, se comunican y se respetan. Esa es la esencia misma de la relación de pareja, la fusión de lo femenino con lo masculino. Para que ésta ocurra, resultando en que dos seres incompletos que eran parciales se conviertan en una totalidad, es necesario que se miren como pares, con igual valor y merecedores de las mismas consideraciones.

Sé de antemano que hoy está de moda hablar de que no somos y no buscamos mitades, sino que somos seres completos que buscan compartir con otro igual, y que muchos van a criticar la afirmación anterior sobre seres incompletos, sin embargo, los invito a reflexionar lo siguiente: nadie puede serlo todo. La unión con una pareja siempre nos enriquece, nos suma a lo que ya somos, claro, siempre y cuando lo permitamos. Toda mujer o todo hombre está siempre limitado en su condición; por muy independiente que sea siempre hay aspectos que el otro género posee que escapan a nuestro dominio, y lo mismo podemos decir de las parejas homosexuales que de igual forma obedecen al principio de la atracción de opuestos y al relacionarse se enriquecen y complementan.

El verdadero amor poco tiene que ver con el control de la otra persona, y aunque todo vínculo profundo implica el enfrentamiento de dos individualidades y la dificultad de conciliar dos intereses distintos, el respeto profundo hacia el otro, hacia su individualidad y hacia el derecho de conservar, aunque sea un poco de su intimidad, es fundamental.

Como en todos los demás casos, es frecuente que una persona que proviene de una familia con padres transgresores elija una pareja con similares características. O bien, que adopte el rol ya conocido de sobrecontrolar. Para ese fin necesita a alguien que permita el sobrecontrol, así se relacionan un sobre controlador con alguien con dificultad para establecer límites. La persona sobrecontrolada desarrolla la capacidad de no sentir, sobre todo enojo, para resistir a sus padres y después a su pareja, por lo que tenderá a negar lo que realmente desea y lo que siente en cada circunstancia en la que experimente frustración al no conseguir o poder hacer lo que en realidad desea. Con mucha frecuencia ni siquiera sabrá qué es lo que en realidad quiere y canalizará su enojo en forma de omisiones y fallas inconscientes que terminarán despertando, cada vez más, la ira de su pareja sobrecontroladora, quien sentirá que no es tratada con la suficiente atención, pues pensará que su contraparte siempre atina a no cumplir sus expectativas. Así, las parejas construyen una guerra de sobrecontrol y decepción donde la parte sobrecontroladora se siente cada vez más decepcionada y la parte omisa retira cada vez más sus sentimientos, perdiéndose en la nada sin saber qué es lo que realmente está experimentando.

Una pareja que acudió a orientación conmigo hace unos años enfrentaba un problema de esta índole. Ellos tenían una casa fuera de la ciudad que visitaban los fines de semana. El domingo por la tarde, después de comer, él acostumbraba tomar una copa de su licor favorito, posterior a eso empacaban el coche e iniciaban el regreso a la ciudad. En algún momento ella comenzó a considerar que beber alcohol e ir a carretera en el auto junto con sus hijos era mala idea. Entonces decidió prohibirle a su marido beber licor antes de partir. En un inicio él acató la prohibición, pero posteriormente decidió revelarse y continuar haciendo lo que disfrutaba, sólo que ahora a espaldas de su mujer. Ella detectó el engaño oliendo su aliento y decidió desenmascararlo marcando discretamente el nivel de las botellas para detectar cualquier faltante. Él, al sentirse fiscalizado, empezó a comprar el alcohol a escondidas y a ocultarlo de los ojos de su esposa. Ella encontraba las botellas y tras el pleito correspondiente él buscaba un nuevo escondite. Y así, a cada intento de control de ella le siguió un acto de rebeldía de él. Mientras ella se comportaba más como una madre sobrecontroladora, él se volvía más un niño rebelde. Y es que, como si fuera una balanza, a cada paso de alguno hacia un extremo se producía exactamente el mismo efecto en el lado contrario. La solución al conflicto también fue bastante evidente: en la medida que ella fue soltando su papel de madre sobrecontroladora él fue asumiendo su rol como adulto dentro de la relación, hasta que hubo una negociación en la que finalmente ambos encontraron un acuerdo satisfactorio.

X

Cuarta virtud: reconocer y ser reconocido

S in duda al entrar en una relación de pareja una de las motivaciones principales es satisfacer nuestra necesidad de reconocimiento. Las mujeres buscan sentirse bonitas ante los ojos de su pareja y los hombres cuentan sus hazañas y conquistas en cualquier terreno. Tengo un amigo que afirma que sin duda llegamos a la Luna por conquistar a alguna mujer. No es extraño que la mente masculina se esfuerce por lograr cosas extraordinarias para agradar a alguna o a las mujeres en general. Pero este afán de ambos sexos de ser admirado se traduce en un simple anhelo de ser vistos, de que nos valoren por lo que en realidad somos. Esta necesidad psicológica nace mucho tiempo atrás en nuestra historia.

Después de que el niño, entre tres y cuatro años, ha aprendido a decir que no y ha ejercido su derecho a poner límites, sus necesidades cambian, y viene una nueva etapa en la que necesita ser reconocido. El "no" se convierte en: "mira." En esta etapa los niños son verdaderos aspiradoras de atención y demandan a los padres toda la que puedan obtener. Necesitan para sí que los padres les dediquen una gran cantidad de tiempo, pero, sobre todo, de energía. Prestarles atención se vuelve casi una esclavitud de todo padre comprometido. En esta fase el niño no ha generado aún un sistema de autovaloración, por lo que necesita ser visto, reconocido y retroalimentado desde el exterior. Esto no quiere decir que debamos colmar a los niños con falsos elogios y halagos excesivos, ya que no tendrán ninguna utilidad para el niño porque no puede fundar su autoestima en hechos falsos. Otro error frecuente de los padres en esta etapa es la sobrecalificación de los hijos al juzgarlos continuamente o llenarlos de críticas. El verdadero reconocimiento no es ni uno ni otro. Lo que es necesario hacer es simplemente observarlos, conocerlos, escucharlos y retroalimentarlos con amor y sinceridad.

Un niño reconocido es un niño que crece con una autoestima sana y con capacidad de autovalorarse. Si, por el contrario, cuando somos pequeños no recibimos esta atención necesaria, entonces seremos adultos que compulsivamente estemos buscando ser reconocidos y valorados desde el exterior mediante la exaltación continua de nuestros logros y cualidades, que presumimos ante los demás con la ilusión de ser apreciados. Al entrar en una relación de pareja la búsqueda de este reconocimiento será aún mayor y la necesidad de hablar de nosotros mismos, la vanidad y hacer notar nuestras cualidades, irá en aumento. A pesar de esto, casi siempre sentiremos que la cantidad de reconocimiento que obtenemos es insuficiente.

Sin importar cuál haya sido nuestra historia personal, el tema de ser reconocido es un pilar en toda relación humana. Ser vistos constituye una necesidad tan básica como respirar, por eso la peor agresión es, y ha sido siempre, ser ignorado. Cuando mi hija era pequeña y acudíamos a clases de entrenamiento canino para nuestra mascota, aprendí que cuando el perro fallaba en la instrucción que debía realizar, la manera de sancionarlo por parte del amo consistía en darle la espalda por unos segundos. Esto bastaba para que el perro supiera que se había equivocado y se sintiera suficientemente castigado para no volver a errar. Inmediatamente pensé que si así era para los perros, en los humanos, sin duda, era muchas veces mayor el efecto del estímulo negativo de que te retiren la atención y sentirte no "visto", en el sentido más amplio de la palabra.

Esto lo saben muy bien las empresas que suelen tener programas que "reconocen" a sus empleados. Muchas tiendas y restaurantes tienen, en un lugar visible, un cuadro con la foto del "empleado del mes"; lo mismo hacen los ejércitos, la policía o las instituciones educativas, entregando condecoraciones, menciones y otras formas de reconocimiento. Ya que saben que los seres humanos continuamente estamos buscando ser reconocidos y siempre buscamos a quien verdaderamente nos vea y nos valore. Si encontramos quien lo haga nos vamos a sentir profundamente atraídos en esa dirección.

Siendo terapeuta he escuchado repetidamente la queja de que muchas personas no se sienten suficientemente vistas o valoradas por sus parejas. Esta situación fácilmente puede conducir a un fracaso en la relación. Ya que, por su propia naturaleza, es en las relaciones de pareja donde pretendemos satisfacer nuestras necesidades afectivas más íntimas. Es por eso que esta necesidad surge con gran fuerza en toda relación; siempre esperamos ser vistos y reconocidos por las personas que comparten nuestra vida. Con mucha frecuencia terminamos enamorándonos y quedándonos con quien está suficientemente cerca de nosotros para apreciarnos. Es frecuente que un médico termine relacionándose con una enfermera, un abogado con su secretaria o un hombre de negocios con su asistente, porque son las personas que están lo suficientemente cerca para apreciarnos. Cuando la casa y el trabajo están demasiado separados uno del otro, el reconocimiento no vendrá del hogar y las personas terminan buscándolo en los sitios donde llevan a cabo sus tareas más admirables.

El reconocimiento es también un arma poderosa para atraer a alguien; difícilmente lo resistimos. Como estrategia de manipulación es, sin duda, la más efectiva. Las personas suelen optar por un trabajo o por una relación interpersonal en la que se sientan más reconocidos, aunque ésta implique menores beneficios o más sacrificios. Es, también, la causa de muchas infidelidades, ya que es muy probable que nos sintamos tentados a iniciar una relación con quien nos está dando este reconocimiento cuando no lo obtenemos en casa.

Es importante recordar que tanto los halagos excesivos (no del todo sinceros) como las frecuentes críticas, y juicios severos, no suelen ser muy útiles en el mediano plazo. Si bien los primeros son profundamente seductores en un inicio, no van a nutrir la relación en un largo plazo; por la misma razón que no es posible comprar algo con un billete falso.

La sobrecrítica también parece un tipo de reconocimiento en un principio. Personas que han sido ignoradas por mucho tiempo se pueden sentir vistas en una situación de sobrecrítica o sobre-control, ya que, por lo menos, están recibiendo una gran dosis de atención. Claro que a mediano plazo esta forma de recibirla se vuelve incómoda e impide desarrollar nuestra individualidad y ser verdaderamente la persona que somos.

Sin duda, el peor enemigo del reconocimiento al otro es nuestro ego, esa voz dentro de la conciencia que existe en oposición a los otros. Es muy útil en una etapa de la vida para crear la individualidad, pero luego se vuelve estorbosa al pretender crear relaciones empáticas con los demás. Sirve para reafirmar nuestra individualidad pero el otro no tiene un lugar dentro de él. El ego nace cuando cumplimos dos años de edad y dejamos de ser la extensión de la voluntad de la madre para construir un yo propio capaz de ser individuo, con sus propios gustos y decisiones. El problema es que esta conciencia nace como una oposición a lo externo, por eso los niños pequeños se la pasan peleando y rivalizando entre sí. Es frecuente verlos luchando por ser más que los demás a través de casi cualquier cosa: "yo llegué primero, soy más alto, tengo más dinero", etcétera. Ya que al construir su ego lo necesitan reafirmar comparándose y compitiendo con el otro.

Muchas personas se quedan en ese estado infantil de conciencia y ese otro con quien rivalizan se convierte en su pareja, haciendo imposible el reconocimiento de ésta ya que desde el ego lo importante es vencer, no empatizar. El ego quiere el reconocimiento para sí mismo y por lo tanto tiene una gran dificultad para darlo. Desde el ego nos vemos a nosotros mismos, pero no a los demás. Para verdaderamente ver a otras personas es necesario salir del ensimismamiento que solemos tener. El ego ve al mundo en términos de rivalidad con los otros y en oposición a los demás, ningún reconocimiento se puede dar desde ahí. Es necesario expandir la conciencia hasta que la otra persona quepa dentro del círculo que consideramos propio para no sólo ver mi propio punto de vista, sino el del otro. El ego, es, ante todo, una conciencia infantil de la que debemos salir y dejar atrás para que una relación de pareja funcione. Ese "yo" construido por el ego tiene que transformarse en un "nosotros" en donde soy consciente y me miro a mí, al igual que a mi pareja; en donde los dos cabemos en nuestras mutuas conciencias y en donde a lo que me opongo, o con lo que rivalizo, se encuentra afuera del círculo que hemos creado en donde ahora nos encontramos dos.

Lo opuesto al ego, y que realmente nutre la relación, es la verdadera empatía, que consiste en ponernos en los zapatos del otro y tener una verdadera comprensión de una persona.

Yendo aún más allá podemos, también, ser compasivos con nuestra pareja, entendiendo esta actitud como comprensión amorosa del otro. Esta es, sin duda, la mejor fórmula para evitar conflictos y preservar el amor. Sin embargo, debo advertir que esta cualidad es una de las más difíciles de adquirir. Ser compasivos es entender que cada quien, hasta cierto punto, somos como podemos ser. Las heridas que hemos sufrido de niños nos definen en muchas de nuestras conductas. Hay que ir más allá de lo observable e imaginarnos el origen de determinada necesidad o actitud que no nos guste de nuestra pareja y verla no como una ofensa personal, sino una forma de adaptación a una carencia en su infancia. Por ejemplo: comprender que existe timidez en un niño que experimentó rechazo; presunción en un niño que no fue reconocido; dependencia en uno que sufrió abandono, etcétera. Mirar con compasión es, también, ver el dolor del otro, su esfuerzo por adaptarse, su miedo y su inseguridad infantil. Hay que imaginarnos cómo nos sentiríamos nosotros de haber estado en esa misma situación, o bien, cómo nos hemos sentido al estar en situaciones similares o equivalentes. Lograr mirar al otro con compasión y no con juicio es, tal vez, la prueba más grande de un amor verdadero.

La compasión y la verdadera empatía son el resultado de una observación paciente y continua de la otra persona. Es mediante el acto de llevar nuestra "atención" al otro en el sentido más amplio de la palabra que lo podemos apreciar realmente, y luego ser capaces de decirle lo que vemos con amor y comprensión. No como juicios, sino un entendimiento aceptante de otro ser humano, sabiendo que nosotros mismos no somos tan distintos ni tan perfectos con respecto a nuestra pareja y que ella es producto de nuestra propia elección.

El reconocimiento del que hablo no consiste en alabar ni ser alabado por las personas que nos quieren, consiste en que las personas que tenemos más cerca sean una fuente confiable de retroalimentación porque nos conocen mejor que nadie y porque valoramos su opinión sincera y honesta.

Por ejemplo, un marido amoroso, al recibir la petición de reconocimiento de su esposa que es una cocinera inexperta, y ha pasado haciendo la comida toda la mañana, y pregunta: "¿cómo me quedó?". El marido podría responderle: "parece que necesitas practicar otro poquito, seguramente cada vez te quedará mejor". Aunque esta respuesta puede no resultar del todo atractiva para quien la recibe, sí siembra una semilla de confianza, en el sentido de que ella sabe que recibirá la verdad de su esposo. Eso es más valioso que un halago no sincero que la hubiera hecho sentir mejor, pero que le hubiera sembrado desconfianza para futuras ocasiones o situaciones más importantes en donde la honestidad y la transparencia del otro sean un valor fundamental para soportar la relación.

Erich Fromm decía que el amor es el deseo de conocer cada vez más al otro. Este conocimiento requiere necesariamente de prestarle la atención necesaria, involucrarnos, interactuar y en ocasiones, incluso, pelear, que es parte de estar en una relación. Las relaciones avanzan mucho a través de discutir y enfrentarse a sus propios desacuerdos. Esa es, también, la energía que con frecuencia necesitamos poner dentro de una relación.

Podríamos pensar que este apartado sobre el conflicto podría haberse colocado en el capítulo de la transgresión y la lucha de poder, sin embargo, está aquí porque quiero enfatizar que pelear es una forma de reconocimiento del otro, de validación de su enojo y de que nos sintamos vistos, aun con frustración o desacuerdo. Estar cerca de nuestra pareja nos hará descubrir que, a veces, lo que hay es enojo y con eso es con lo que hay que lidiar.

Saber pelear es una cualidad indispensable de toda relación que busque sobrevivir, hay muchas que evitan el conflicto por temor a que se salga de control o simplemente porque demanda una gran cantidad de energía, o bien, porque en sus familias de origen aprendieron que los conflictos no se resolvían, que simplemente eran destructivos y que no servían para arreglar nada. No obstante, ninguna relación sobrevive sin enfrentar sus embrollos y vivirlos intensamente. Hay parejas que se muestran casi como un modelo a seguir, sin pelear, sin discusiones ni desacuerdos y repentinamente sorprenden a todos sus conocidos con una ruptura inesperada. Entonces la gente a su alrededor dice: "lo pensamos de todos menos de ustedes; nunca peleaban." En cambio podemos observar que muchas parejas que pelean con cierta frecuencia parecen encontrar la forma de subsistir a través del tiempo, y es que el conflicto también es energía acumulada que se debe liberar. El secreto es que las parejas deben saber pelear.

Este material no persigue profundizar demasiado sobre este tema ya que existen excelentes autores y mucho material disponible. Particularmente les recomiendo a Marshall Rosenberg y su teoría de la comunicación no violenta. Aquí les comparto algunos lineamientos fundamentales. Primero: hablar de uno mismo en lugar de lanzarle adjetivos a la otra persona. Debemos expresarnos sobre lo que nos sucede a nosotros, no de lo que la otra persona es. Por ejemplo, en lugar de decir "tú eres un agresivo", diríamos "me sentí ofendido con lo que dijiste"; de esta manera asumimos nuestra responsabilidad. Sin duda tenemos derecho a sentirnos ofendidos, sin embargo, el problema es nuestro. Lanzarle un adjetivo a la otra persona no va a contribuir a resolver nada y en cambio va a agravar el problema, ya que el otro se sentirá ofendido de recibir nuestro adjetivo y ya no estará dispuesto a escuchar nada. El segundo punto es olvidarnos de que alguien tiene que ganar. Hemos aprendido que discutimos para ganar y en este intento de ganar todos pierden. Tenemos que modificar el objetivo; discutimos para expresar y para tratar de comprender y ser comprendidos, no para derrotar al otro. Todo aquel que busque ganar en una discusión será más lo que pierda de lo que gane a mediano plazo, ya que a nadie le gusta perder, y nuestra pareja nos retirará su amor en la medida en la que sienta que "siempre" la hacemos perder. Expresiones como "te lo dije" deberían ser erradicadas del vocabulario de toda pareja, ya que no construyen nada, sólo intentan generar una superioridad de uno hacia el otro. El otro ya sabe que se lo dijimos, ¿qué se gana con recalcárselo? Desde una actitud más compasiva protegemos a nuestra pareja y con gusto le evitamos el mal sabor de boca que viene por haberse equivocado. La pareja es un equipo que debe aliarse para alcanzar sus objetivos y nunca tratarse como enemigos. Hacer esto último es muy mala idea porque tu pareja seguirá a tu lado después del pleito y no conviene tener a un enemigo tan cerca, por eso es que debemos ser sus primeros protectores y aliados, aun durante una disputa.

Toda pareja debe dedicar una buena cantidad de energía a ponerse atención y a estar atentos el uno del otro, pero también a comprenderse y a retroalimentarse. Toda relación de pareja, en el fondo, está hecha de una buena comunicación.

XI

Quinta virtud: la lealtad

Recuerdo al famoso psicólogo Leonardo Stemberg frente a una paciente que se quejaba de su mala relación de pareja, repentinamente Leonardo la interrumpió y súbitamente le preguntó: "¿Cuando iba a nacer tu primer hijo y se te rompió la fuente, a quién le llamaste primero?". La paciente respondió al instante que a su mamá, a lo que Leonardo agregó: "por eso no funciona tu matrimonio".

Evidentemente la persona más "cercana" a la mujer que está por dar a luz un hijo debería ser su esposo, que además es el padre del mismo. Al comunicarse con su madre primero, y ponerla por delante de su marido, está cometiendo una traición, ya que está alterando el orden que deberían tener las personas en su vida y arrebatándole la prioridad a la que su esposo tiene derecho.

El resultado de este manejo es la creación de un triángulo en donde dos personas compiten por el cariño de una tercera. Así, el marido desplazado rivalizará con su suegra por el cariño de su esposa, generándose un conflicto entre ambos y colocándola a ella en medio de éste.

Probablemente la mamá de la mujer entrevistada por Stemberg fracasó en su propia relación de pareja, por lo que se volcó sobre sus hijos para satisfacer sus necesidades de cariño, al hacerlo prescindió de su marido (quien seguramente hizo su vida hacia el exterior de su matrimonio). Esta relación tan cercana, y que exige una lealtad de los hijos hacia ella, los imposibilita a entregarse a una relación de pareja por completo, ya que inconscientemente creen que deben de guardar una lealtad a su madre, quien los atrapó en un vínculo incorrecto; perciben que ella dio todo por ellos, por lo que se sienten en deuda.

Las relaciones triangulares son la forma habitual de la traición y son todas aquellas en las que dos personas se disputan el mismo tipo de cariño o de atención de una tercera. Son dos personas luchando por el mismo lugar frente a alguien. Pero ese lugar tiene un dueño legítimo y la batalla incluye, siempre, a un impostor.

La lealtad es la última virtud necesaria para alcanzar el amor pleno. Si no experimentamos lealtad, nuestro corazón estará imposibilitado de dar el paso final hacia el amor e iría a una catástrofe segura. Sin lealtad nuestro corazón no se entregará y nuestra relación amorosa fracasará.

Pero, ¿qué es la lealtad? Muchos dirían que es más una percepción subjetiva que un hecho que se pueda determinar con exactitud. Sin embargo, la lealtad es bastante clara en cuanto a su delimitación. Consiste en que cada quien juegue el rol que le toca dentro del sistema familiar o social en que se encuentre.

Ese rol define el lugar, el tiempo y la jerarquía; como veremos a continuación.

Estos roles no son tan arbitrarios como muchos pudieran pensar, no son, ni siquiera, inventados por los seres humanos en su totalidad; vienen de un orden ancestral que observamos en la naturaleza. Así como el día y la noche, las estaciones del año, lo femenino y lo masculino, la carga instintiva, etcétera, los roles son realidades que se encuentran en el mundo y a las que todos estamos subordinados, dotando a los seres vivos de un conjunto de tareas que deben llevar a cabo y de un orden para realizarlas. Como producto de este mismo orden existen un sinfín de conductas en el mundo animal, como en una manada de lobos, que tiene una estricta jerarquía social resguardada por el liderazgo del lobo alfa y roles y reglas bien definidas para todos los demás miembros, quién come primero, quién lo hace después, su lugar al desplazarse a otro lado en una larga caminata; todo está perfectamente organizado y previamente definido. Lo mismo pasa en una pareja de pingüinos que cuida, a su tiempo y con esmero, del huevo que ella ha puesto. Primero ella se va al océano antártico a alimentarse, para después regresar en el momento preciso y relevarlo a él, que ha permanecido fiel a su deber, incubando al huevo en medio del frío del polo sur, antes de que muera de hambre.

Si bien es cierto que los seres humanos podemos desobedecer en todo momento a la naturaleza, a diferencia de los animales que están obligados a acatar fielmente sus disposiciones, este es el orden al que los humanos llegamos cuando hicimos nuestra entrada en este mundo. Este mismo orden es el que hemos adaptado y reproducimos en nuestras culturas, que son en todo momento una representación del orden natural de las cosas.

Inventamos rituales de matrimonio que equivalen a los rituales de apareamiento de los animales, que muchas veces son sumamente complejos; hacemos torneos deportivos a manera de disputas modernas de lo que alguna vez fueron luchas territoriales, o emulamos batallas entre aldeas o etnias, comportamientos que observamos también en los demás seres vivos.

El orden que la naturaleza impone se manifiesta en cada uno de los actos cotidianos que llevamos a cabo. Un perro en una casa se echa a los pies de su amo, quien representa al perro alfa de su manada. De esa manera define su lugar y su rol dentro del sistema familiar. De esta misma manera, los hijos deben ser hijos, la pareja, pareja, los abuelos, abuelos y las suegras, suegras. En un sistema donde falta la lealtad los hijos se convierten en parejas, las suegras en rivales, los padres en competidores de las nueras y los yernos, etcétera. Entonces nos encontramos en un sistema donde reina la traición.

Bert Hellinger, a través de su extraordinario método de constelaciones familiares, establece lo que él denominó "el orden del amor", que no es otra cosa sino las leyes universales de la vida, independientemente de cualquier cultura o tiempo del que se trate. Estas son las bases para el éxito de la vida en todos los niveles. De aquí es que se desprende la necesidad de lealtad, como un orden que debe ser respetado para garantizar el bienestar de todo sistema familiar y social.

Recuerdo una constelación familiar en la que una chica acudió preocupada porque no lograba tener pareja. Al pedirle el facilitador que colocara a los miembros de su familia en el orden que ella deseara, utilizando a los participantes voluntarios para representar los roles de cada uno, puso a su mamá a su derecha, muy cercana a ella, a su papá distante a una considerable distancia de ambas, en medio de ellas dos puso a su hijo. Entonces el facilitador le dijo: "estás casada con tu mamá y entre las dos tienen un hijo, por eso es que no tienes pareja, ese lugar ya está ocupado".

De esta manera es como jugamos roles que no nos corresponden en un sistema familiar y faltamos a ese "orden del amor" al que se refiere Hellinger y violentamos la lealtad que debería existir.

Con frecuencia podemos observar que los lugares que deben ocupar unos miembros de una familia están tomados por otros, o bien, no están siendo ejercidos por quienes deberían; vemos a hijas celando a sus padres como si fueran sus parejas, a padres siendo dependientes, en todos los sentidos, de sus hijos como si fueran los hijos de éstos, o madres aliadas con sus hijas en contra de los maridos.

Pero comencemos por el principio. Un sistema familiar nace cuando una pareja se une. Ellos dos son el núcleo de todo, de donde todo se origina. Normalmente comparten la recámara y la misma cama, tu pareja es quien duerme a tu lado, quien tiene llaves de tu casa, con quien compartes tu patrimonio. Todo eso significa que no hay nadie tan cerca uno del otro como sus respectivas parejas, ya que la situación "geográfica" define el lugar de cada uno en cuanto a sus lealtades. Nuestra pareja es quien está más cerca, por lo que es quien va primero; después todo lo demás.

Es difícil saber qué ocurre primero: si al haber una fractura en la relación de pareja se genera un espacio para el surgimiento de un triángulo o si la falta de lealtad, desde el inicio, es lo que propicia su posterior surgimiento.

Siempre que existe un triángulo, es decir, dos personas luchando por el amor de una tercera, existe alguien que se encuentra fuera de su rol, alguien a quien no se le está dando su lugar y alguien que está admitiendo a un tercero en una relación que sólo debería de involucrar a dos. Los triángulos pueden estar integrados por cualquier persona: un hijo, un padre, un amigo, otro miembro de la familia y hasta una mascota. Un triángulo surge cuando no colocamos a nuestra pareja primero y por delante de cualquier otra relación; entonces le damos poder a un tercero para compartir ese lugar que sólo nuestra pareja debería tener. Al hacer esto la persona con el derecho legítimo a ocupar nuestro primer lugar se siente amenazada y comienza a luchar por su lugar en la relación.

Tal vez la mayoría de los triángulos tiene su origen en los sobrevínculos con los padres, que son una frecuente causa de conflicto en la pareja. Por citar algunos ejemplos podríamos hablar de la esposa que se pasa la mayor parte del tiempo con su madre, a quien, por cierto, no le cae bien el marido de ésta; el marido que considera que la cocina de su esposa nunca está a la altura de la de su madre o que acude a visitarle con demasiada frecuencia y siempre antepone sus necesidades a las de su esposa. He escuchado a maridos en esta situación afirmar que primero tuvieron madre y luego esposa. En un caso así, sin duda, también vamos a observar que esta mamá no tiene un marido o una buena relación con él, y que desde muy joven este hijo se sobrevínculo con ella, asumiendo la tarea de atender sus necesidades afectivas y cuidándola con devoción.

Estos triángulos que observamos con gran frecuencia son los creados con los propios hijos y ocurren cuando les otorgamos un poder que no les corresponde, o generamos una complicidad que no tenemos con nuestra propia pareja.

Cuando somos niños, y nuestros padres son nuestro primer amor, surge un primer problema de lealtad, ya que tenemos que disputar este amor con el otro progenitor, que es la pareja del padre o la madre que deseamos sólo para nosotros. Este es el clásico conflicto edípico definido por Freud en el que el niño se enamora de su madre y su padre se convierte en un rival, entablando una relación de competencia con él en la que el niño busca quedarse con la madre para sí mismo y arrebatársela a su padre. Entonces surgen frases como: "cuando yo sea grande, me voy a casar con mi mamá... y mi papá con el perro". También sucede que el niño se mete en la cama de los padres, en medio de ambos, buscando interponerse entre los dos.

Con las niñas pasa más o menos lo mismo, sólo que su enamoramiento es con respecto al padre y surge en ellas un conflicto de rivalidad con la madre. Entonces, palabras como "papito" son utilizadas despiadadamente para lograr la preferencia de su papá, pasando por encima de la autoridad de la madre.

Si la pareja está bien consolidada y se dan mutuamente su lugar, es decir, se guardan lealtad, los hijos se instalan en el lugar de hijos y no se producirán traiciones al interior del sistema familiar; es decir, los padres no se aliarán con alguno de ellos, los hijos no se interpondrán entre el amor de los padres ni rivalizarán con ellos. Tampoco, años después, los padres rivalizarán con las parejas de sus hijos ni se convertirán en un obstáculo para que éstos vivan el amor plenamente con parejas que hayan elegido. Si, en cambio, entre los miembros de la pareja no existe la suficiente lealtad, el amor de los hijos hacia ellos generará un conflicto con la pareja, ya que estarán compitiendo por ese primer lugar que no ha quedado claro a quien pertenece.

Es frecuente observar matrimonios que se terminan con la aparición de los hijos cuando cualquiera de los cónyuges los antepone a su pareja, haciendo sentir a la otra persona desplazada por sus propios hijos.

Cuando una pareja no lleva una buena relación, o cuando alguien no tiene un estricto sentido de la lealtad, sucede que alguno de los padres se sobrevincula con uno o varios de los hijos y los hace jugar ese rol de pareja que hemos descrito. Adicionalmente puede compartir sus quejas sobre su pareja con ellos, afianzando más su alianza y definiendo bandos cada vez más claros. Así, esta relación termina desplazando al padre o la madre excluido.

La deslealtad se puede manifestar aun en actos muy sutiles. Por ejemplo, en una persona que crece en una familia en la que el padre prohíbe que los hijos adolescentes utilicen el coche en su ausencia, y la madre, a sus espaldas, contraviene esta indicación, generando una complicidad con sus hijos y una traición hacia su esposo. Al crecer, los hijos de esa familia crecen observando la deslealtad como algo natural, lo que desconocen es que crecerán temerosos de entregar su corazón y sufrir la misma suerte de su padre.

Existen casos extremos, como el de una madre que al sostener una mala relación con el marido termina expulsándolo de la recámara, y al sentirse sola invita a compartir su cama a su hija mayor, que al cabo del tiempo termina jugando el rol de la pareja de la madre y por tanto se convierte en "el padre" de la familia, generando también una ruptura profunda con su propio padre. O casos que parecerían inocentes, como una abuela que le dice a cada una de sus cinco nietas que ella es la más bonita, y por lo mismo, su preferida, cometiendo una traición con cada una. Con este simple acto les dificultará la posibilidad de confiar en su adultez.

La infidelidad, tan frecuente en estos tiempos, también es producto de sistemas desleales. Alguna vez tuve un paciente que era sistemáticamente infiel y constantemente se encontraba en la situación de que dos mujeres disputaban su cariño. Él era hijo de una madre soltera y había sido criado por su abuela, quien disputaba su cariño y su lealtad con su madre constantemente. Así, él creció entre dos amores que luchaban por su preferencia. Siendo adulto recreó esta situación entre sus parejas y de esta manera el sistema de deslealtad transitó hasta su edad adulta.

Y es que todo niño pequeño es hipersensible a la deslealtad que haya en su casa, por lo que construirá su definición del mundo de acuerdo con lo que haya vivido. Si crece en un entorno en el que percibe un clima de deslealtad, se desarrollará con un gran temor a entregar su corazón y probablemente con la noción de que la lealtad no es posible. Con mucha frecuencia generará relaciones triangulares que harán difícil entregar verdaderamente su corazón cuando sea adulto.

Por lo tanto, todas aquellas personas que crecieron en donde la lealtad no era un valor a toda prueba, inconscientemente temen amar por completo, ya que para ellos la lealtad es algo improbable, y en una alta proporción forman relaciones donde una y otra vez se viven traicionados o traicionan antes de convertirse en víctimas de lo mismo.

Pero la infidelidad también cumple una función protectora al servicio de nuestros miedos a ser lastimados. Gracias a ella nos reservamos nuestro corazón y permanecemos sin entregarnos. Las personas que tienen amantes están reafirmándose que no es posible confiar en nadie y que el engaño es parte fundamental de nuestra cotidianidad. Entre dos amores se mantienen a una adecuada distancia, creando un equilibrio en el que ni él ni la otra persona se podrán comprometer verdaderamente, viviendo un amor siempre a medias, lo que genera una distancia segura como quien contempla, con temor y a una considerable distancia, un fuego en el que no desea quemarse.

Permítanme relatarles un caso muy interesante que da muy buena cuenta de cómo un sistema familiar puede faltar a la lealtad y generar consecuencias en la persona una vez que se vuelve adulta. Una paciente solía ser la amante de hombres casados, ese era el rol que jugaba una y otra vez, y con frecuencia, al mismo tiempo de estar en estas relaciones, tenía un novio al que veía los fines de semana, cuando sus otras parejas se encontraban con sus familias. Al revisar su historia personal descubrimos que en su familia había faltado la lealtad más básica. Su padre era el más chico de cinco hermanos y nació cuando sus padres ya eran mayores. Su hermano mayor le llevaba quince años, por lo que funcionó como un padre para él. Al padre de la paciente le inculcaron una devoción desproporcionada a su hermano, a quien él vio como una autoridad a la que le debía gran devoción. Al casarse y formar una familia él constantemente le repitió a su esposa e hijos que él primero tuvo hermano y luego esposa e hijos. Así mantuvo esta lealtad fuera de lugar con su hermano a quien atendía por encima de cualquier miembro de su familia. El hermano mayor también se casó, pero nunca pudo tener descendencia, por lo que disponía de los hijos de su hermano menor como si fueran suyos. Mi paciente creció con dos padres, uno biológico que cedía sus derechos, y uno con mayor capacidad económica que la llenaba de regalos y tomaba decisiones sobre ella como si fuera su hija. Esto le generó una lealtad dividida, si es que se le puede llamar así. Lo normal es que el padre biológico hubiera defendido el cariño de su hija pequeña y le hubiera hecho saber que la lealtad era sólo con él. Pero al no hacerlo la hija creció con dos figuras paternas, y de alguna manera recibió autorización para romper con la lealtad que le debía a su padre. Éste negó los sentimientos que le producía no poder llevar a sus hijos de vacaciones a lugares lujosos o no poder proporcionarles ropa y artículos caros, mientras su hermano sí lo hacía; vio que sus hijos preferían ir con su tío que con él, por los beneficios económicos, y que funcionaban, también, como sus hijos propios al obedecerlo y considerarlo. El padre biológico simplemente se hizo a un lado y no defendió el derecho legítimo que tenía sobre la lealtad de sus hijos. Mi paciente creció en una familia en la que su padre la traicionó al entregarla, prácticamente, a la paternidad de su tío. Al crecer ella repitió el patrón de tener dos amores y estar convencida que la lealtad no es posible. Por lo que ni siquiera se planteaba verdaderamente entregar su corazón a alguien.

Uno de los casos más terribles de traición ocurre cuando alguien es abusado sexualmente por su padre o por el miembro de la familia que le debería proporcionar cuidado y protección. Las mujeres víctimas de este espantoso abuso, con gran frecuencia, tienen la dificultad de entregar su corazón y confiar verdaderamente en un hombre. Es común que terminen en situaciones de múltiples parejas, o que busquen el amor en triángulos donde no podrá florecer con plenitud.

La mentira se asocia íntimamente con la deslealtad, ya que por lo general necesitamos mentir para que nuestra falta de lealtad no sea descubierta; habitualmente a quien le decimos qué define nuestro sistema de lealtades. Al ocultar la verdad casi siempre generamos una lealtad con alguien y una deslealtad con alguien más. Lo mismo ocurre a la inversa: decir la verdad es una lealtad hacia alguien, no guardar secretos es una lealtad absoluta hacia esa persona en la que depositamos nuestra confianza. La verdad construye confianza y lealtad, así como la mentira genera desconfianza.

La frase de Cristo "la verdad nos hará libres", es una profunda verdad. Cuando en un sistema familiar existe una mentira todo el sistema se desorganiza en función de sostener dicha mentira. Toda mentira siempre conlleva otra más y otra más para sostenerse, generando que los miembros del sistema se sientan confundidos y no sean capaces de comprender por qué las cosas son de la forma en la que son aunque parezcan absurdas. Cuando la mentira es revelada constituye un alivio para los integrantes que se ven liberados del desacomodo al que estaban sometidos. Toda traición genera culpa y lo mismo ocurre con la mentira, por lo que la verdad también termina por liberarnos de la culpa.

Alguna vez llegó a mi consultorio una mujer cuyo primer hijo no era de su marido, ya que ella se había embarazado cuando su relación de pareja sufrió una ruptura y se separaron. Posteriormente la pareja se reconcilió y volvieron a vivir juntos, al poco tiempo ella descubrió que se encontraba embarazada de la persona con la que sostuvo una relación durante la separación. Ella decidió guardar el secreto que sabía que le costaría su relación presente. Así, nació su hijo, bajo la idea de que nadie se daría cuenta. A los dos años ella se volvió a embarazar y tuvo un hijo que es concebido por el marido. Al poco tiempo comenzaron a aparecer las diferencias de trato hacia ambos hijos. El padre prefería notoriamente al segundo, aún ignorando que ése era el único suyo. La madre, por su parte, lo sobreprotegía. Con el paso de los años ella se volvió sumamente exitosa desde el punto de vista económico y él se fue relegando a las tareas domésticas y a hacerse cargo de los hijos. En una ocasión, durante terapia, ella se dio cuenta que se había esforzado de esa manera en el plano económico ya que sentía culpa de que su marido mantuviera a un hijo que no era de él, por lo que ella prefería cargar con los gastos de la familia. Al mismo tiempo la relación de pareja se deterioró significativamente, mientras que el hijo mayor peleaba con el padre y se refugiaba en la madre. El esposo la culpaba a ella de su fracaso económico y no estaba del todo alejado de la verdad, ya que ella reconocía desear que él no tuviera dinero para que no se hiciera cargo de un hijo que no era suyo. Finalmente, la relación familiar se deterioró tanto que la relación de pareja terminó por romperse. Cuando ya no hubo motivo para sostener la mentira, la verdad salió a la luz y milagrosamente las relaciones entre todos mejoraron. El primer hijo reconoció lo que había recibido de su padre adoptivo y lo veía como una figura a quien le tenía gratitud y aprecio; el marido salió adelante económicamente y superó su circunstancia de dependencia de la esposa. La esposa se liberó finalmente de la culpa que representó sostener una mentira de ese tipo por tanto tiempo. Para ella fue como volver a la vida una vez que el escándalo pasó y cada miembro de la familia pudo tomar su verdadero lugar. Así es que la mentira se vuelve un sistema de traición crónico que termina por destruir a la pareja y, en este caso, a todo el sistema familiar.

Si percibimos lealtad en nuestra pareja, es decir, que somos su prioridad, que ocupamos ese primer lugar que nuestro corazón necesita tener, si sabemos que en una disputa con terceros estará siempre de nuestro lado, y si por nuestra parte hacemos lo mismo, se hará posible entregar nuestro corazón y que nuestra pareja también lo haga, no porque exista una certeza absoluta, sino porque existen las condiciones mínimas necesarias para entregarnos al amor.

Entregar nuestro corazón es darle a nuestra pareja un gran poder. Cuando esperamos tener ese lugar especial que no estamos dispuestos a disputar con nadie es que le hemos entregado nuestro corazón, y con él, el poder de hacernos daño y lastimarnos profundamente. Por eso, para poder dar este paso, debería ser necesario saber que la otra persona no es capaz de lastimarnos, que nos va a poner a nosotros por delante, que lo que existe entre los dos no se comparte con nadie, que nuestro lugar está bien definido y seguro y que hay una complicidad en la que somos aliados a toda prueba. Es entonces que podemos entregarnos a la relación, porque sabemos que no seremos lastimados. Evidentemente no existe una garantía absoluta, pero sí una base mínima para poder confiar y arriesgarnos con esta persona en particular.

Cuando hay lealtad sentimos una seguridad básica, sentimos que el vínculo es sólido y que no hay tanto riesgo. También implica sentirnos cómodos en nuestro papel de pareja sin la necesidad de defender nuestro lugar ni estar luchando contra otros por mantenerlo; es la certeza de que el lugar es nuestro y que lo podemos ejercer sin límites. Además, todo el mundo alrededor percibe ese acomodo correcto, esto genera armonía en todas nuestras relaciones y con nuestro entorno. Muchos conflictos desaparecen ante la certeza de jugar el lugar que a cada quien le toca.

XII

Última virtud

Estrictamente hablando la teoría del amor expuesta en esta obra, consta de cinco virtudes, sin embargo, esta última, que podría denominarse "voluntad" surge como un requisito necesario para que las cinco anteriores se cumplan. Esta le da a cada una un poder transformador para incidir verdaderamente en la relación de pareja.

Cuando realicé mi especialidad en terapia psicocorporal tuve un compañero que era ingeniero en sistemas computacionales. La pregunta era obvia: ¿qué hacía él ahí? Su esposa era psicoterapeuta y había continuado con su preparación y ahondado en las posibilidades más elevadas que existían para una relación de pareja. Este conocimiento, más la suma de todo lo ya acumulado, la transformó profundamente. Ella se convirtió en una persona más espiritual y ahora vislumbraba la relación de pareja de una forma diferente. Así, la relación que había iniciado muchos años atrás se había vuelto insatisfactoria; ahora ella necesitaba algo distinto de lo que hubo en un inicio. Al no poder compartir conversaciones e inquietudes que ella comenzaba a tener, él dejó de ser su confidente y consejero, pues estos temas le resultaban ajenos. Sus estudios la habían llevado a transformarse y a desear entablar relaciones más profundas y significativas, mientras que él, por su profesión, se había quedado rezagado con respecto a estos temas que ahora interesaban tanto a su pareja. Esto fue ocasionando un distanciamiento que prácticamente se volvió irreconciliable. Ante la posibilidad de la terminación y del divorcio, ella le pidió que iniciara un camino de desarrollo personal con la intención de que los dos pudieran hablar el mismo idioma y nuevamente comunicarse. De esta manera los dos contarían con las herramientas necesarias para nutrir su relación y avanzar como pareja. Él inició el entrenamiento a pesar de que nada tenía que ver con su formación. Asistió los tres años y medio requeridos y completó el programa en su totalidad.

Esta experiencia me dejó una gran enseñanza: cuando existe amor las personas están dispuestas a transformarse, a crecer y a esforzarse por su pareja para salvar su relación.

El primer paso siempre es reconocer que todos estamos en un grave estado de ignorancia con respecto a lo que se necesita para sostener eficazmente una relación de pareja cien por ciento satisfactoria. Todos necesitamos desarrollar las virtudes necesarias para alcanzar esta meta, y es importante esforzarnos para ese fin. De otra manera no será posible adquirirlas y es probable que cuando nos demos cuenta de que las cosas no estaban bien, sea demasiado tarde.

Hemos venido a la vida con la capacidad de amar, Dios nos ha dado un corazón y hemos iniciado este camino vinculados desde el amor. Nuestra tarea es ejercerlo, es amar, abrir nuestro corazón y tener pasión por la vida y las cosas que de ella nos atraen. En efecto, amar constituye un riesgo. Constantemente salimos lastimados y entonces mucha gente deja de creer en él; hay quien decide cerrar su corazón y rendirse, dejar de intentar, de buscar, de iniciar nuevamente y se resignan a la mediocridad y al conformismo. Es importante seguir intentando. Si se ha fracasado con la pareja actual hay que iniciar nuevamente, si todavía es posible rescatar nuestra relación entonces se deben replantear las cosas, dar las batallas necesarias, hacer los ajustes, transformar lo que tenemos, estar dispuestos a cambiar, a ser criticados, a corregir nuestros errores, a crecer y a ser mejores en el amor. Es un trabajo de vida y tal vez nunca alcancemos la perfección, pero hay muchos avances que podemos obtener y disfrutar, siempre teniendo presente que el miedo y la pereza son nuestros peores enemigos.

Bibliografía

Black, S. 2004. *A Way of Life: Core Energetics*. Nueva York. iUniverse Inc.

Capra, F. 1976 *Modern physics and Eastern mysticism*. The Journal of Transpersonal Psychology,8,20-40.

Chopra, D. 1990. *Quantum Healing Exploring the Frontiers of Mind/Body Medicine*. Nueva York. Bantam Books.

Frankl, V. 1999. *El Hombre En Busca de Sentido último*. México D.F. Editorial Paidós Mexicana S.A.

Frankl, V. 1994. *Logoterapia y Análisis Existencial*. Barcelona. Editorial Herder S.A.

Frankl, V. 2001. *El Hombre en Busca de Sentido*. Barcelona. Editorial Herder S.A.

Freud, S. 1978. *Obras Completas de Sigmund Freud*. Buenos Aires. Amorrortu

Fromm, E. 1992. *El arte de amar*. México D.F. Editorial Paidós Mexicana S.A.

Fromm, E. 1996. *¿Tener o ser?* México D.F. Fondo de Cultura Económica.

Grof, S. 2011. *Psicología Transpersonal*. Barcelona. Editorial Kayrós S.A.

Johnson, R. 1999. *El Equilibrio Entre el Cielo y la Tierra*. Barcelona. Editorial Paidós Iberica S.A.

Jung, C. 1997. *El Hombre y sus Símbolos*. Barcelona. Luis de Caralt Editores S.A.

Jung, C. 1970. *Teoría del Psicoanálisis*. Barcelona. Plaza Y Janes S.A.

Kubler-Ross, E. 1997. *La Rueda de la Vida*. Barcelona. Ediciones B.S.A.

Kubler-Ross, E. 1991. *La Muerte un Amanecer*. Barcelona. Ediciones B.S.A.

Lafarga, J. 2013. *Desarrollo Humano El crecimiento Personal*. México D.F. Editorial Trillas S.A. de C.V.

Lewis, T. 2001. *A General Theory of Love*. New York. Random House USA INC.

Lowen, A. 1977. *Bioenergética*. México D.F. Editorial Diana S.A.

Maslow, A. 1998. *El Hombre Autorrealizado*. Barcelona. Editorial Kayrós S.A.

Myss, C. 2019. *Anatomía del Espíritu*. México D.F. Penguin Random House Grupo Editorial S.A. de C.V.

Pintos, E. 1996. *Psicología Transpersonal*. México D.F. Plaza Y Valdez Editores S.A.

Reich, W. 1955. *La Función del Orgasmo*. México D.F. Editorial Paidós Mexicana S.A.

Rogers, C. 1995. *El Proceso de Convertirse en Persona*. México D.F. Editorial Paidós Mexicana S.A.

Weiss, B. 2004. *Muchas Vidas Muchos Maestros.* Barcelona. Ediciones B.S.A.

Wilber, K. 1984. *La Conciencia sin Fronteras.* Barcelona. Editorial Kayrós S.A.

Wilber, K. 1988. *El proyecto Atman.* Barcelona. Editorial Kayrós S.A.

Wilber, K. 2005. *Breve Historia de todas las cosas.* Barcelona. Editorial Kayrós S.A.